BOA CONVERSA
GERA CONVERSÃO

Coleção FAJE

Frei Carlos Mesters
Frei Gilvander Luís Moreira
Frei Rivaldave Paz Torquato

• • • • •

BOA CONVERSA GERA CONVERSÃO

Inspirações bíblicas
para nossa vida hoje

Edições Loyola

Dados Internacionais de Catalogação na Publicação (CIP)
(Câmara Brasileira do Livro, SP, Brasil)

Mesters, Carlos
  Boa conversa gera conversão : inspirações bíblicas para nossa vida hoje / Carlos Mesters, Gilvander Luís Moreira, Rivaldave Paz Torquato. -- São Paulo : Edições Loyola (Aneas), 2024. -- (Coleção FAJE)

  ISBN 978-65-5504-414-0

  1. Bíblia - Ensinamentos 2. Bíblia - Estudos 3. Espiritualidade - Cristianismo 4. Sabedoria - Aspectos religiosos - Cristianismo I. Moreira, Gilvander Luís. II. Torquato, Rivaldave Paz. III. Título. IV. Série.

24-234482   CDD-220.6

Índices para catálogo sistemático:
1. Bíblia : Ensinamentos   220.6
   Eliete Marques da Silva - Bibliotecária - CRB-8/9380

Conselho editorial da Coleção FAJE
Prof. Dr. César Andrade Alves, SJ (Diretor)
Profa. Dra. Marly Carvalho Soares (Filosofia/UECE)
Profa. Dra. Miriam Campolina Diniz Peixoto (Filosofia/UFMG)
Prof. Dr. Alfredo Sampaio Costa, SJ (Teologia/FAJE)
Prof. Dr. Cláudio Vianney Malzoni (Teologia/Unicap)

Preparação: Maria Teresa Sampaio
Capa: Ronaldo Hideo Inoue
  (projeto gráfico e execução)
Diagramação: Sowai Tam

Edições Loyola Jesuítas
Rua 1822 n° 341 – Ipiranga
04216-000 São Paulo, SP
T 55 11 3385 8500/8501, 2063 4275
editorial@loyola.com.br
vendas@loyola.com.br
www.loyola.com.br

Todos os direitos reservados. Nenhuma parte desta obra pode ser reproduzida ou transmitida por qualquer forma e/ou quaisquer meios (eletrônico ou mecânico, incluindo fotocópia e gravação) ou arquivada em qualquer sistema ou banco de dados sem permissão escrita da Editora.

ISBN 978-65-5504-414-0

© EDIÇÕES LOYOLA, São Paulo, Brasil, 2024

108165

Sumário

APRESENTAÇÃO
Conversas com a Velha Senhora... 9
Francisco Orofino

Introdução 13

CAPÍTULO 1
Profeta Elias: caminhar sempre... 15
Frei Carlos Mesters

    Introdução.. 15
    O profeta Elias encarna a profecia 15
    As histórias do profeta Elias 16
    O eixo central: caminhar sempre... 18
    1.   O ponto de partida da caminhada de Elias.................. 20
        1.1.   No tempo de Elias.. 20
        1.2.   No tempo do Cativeiro....................................... 23
        1.3.   No tempo de hoje 26
    2.   No caminho, Carit, início de novo Êxodo.................... 27
        2.1.   A Entrada no Deserto de Carit (1Rs 17,2-3)...... 29
        2.2.   Elias é alimentado no deserto
             (1Rs 17,4-6; 19,5-8) 30
        2.3.   Partilhar e não acumular (1Rs 17,7-16) 31
        2.4.   Confirmado como profeta (1Rs 17,17-24) 31
        2.5.   Situação de seca, fome e perseguição
             (1Rs 18,1-15) 32
        2.6.   O desafio: Baal ou Javé? (1Rs 18,16-24)............ 33

2.7.	Elias enfrenta e desmoraliza os profetas de Baal (1Rs 18,25-29)	34
2.8.	Restaura as doze tribos (1Rs 18,30-35)	34
2.9.	Testemunha de Javé (1Rs 18,36-41)	35
2.10.	Elias faz terminar a seca (1Rs 18,42-46)	36
2.11.	A crise de Elias (1Rs 19,1-4)	37
2.12.	A longa caminhada (1Rs 19,5-8)	38
2.13.	Encontro com Deus no Monte Horeb (1Rs 19,9-18)	38
2.14.	Elias indica o sucessor (1Rs 19,19-21)	41
2.15.	A injustiça do sistema (1Rs 21,1-16)	42
2.16.	Luta por justiça e identidade (1Rs 21,17-28)	42
2.17.	Derrota do opressor pela oração (2Rs 1,1-12)	43
2.18.	Defende a vida (2Rs 1,13-18)	44
2.19.	A última caminhada (2Rs 2,1-8)	44
2.20.	Eliseu se torna o sucessor (2Rs 2,9-15)	45
2.21.	Elias não foi encontrado (2Rs 2,16-18)	46
3.	Ponto de chegada: novo horizonte	47

Capítulo 2
Meditação bíblica pós-pandemia 57
Frei Rivaldave Paz Torquato

	Introdução	57
1.	Deus fala	58
2.	Deus se oculta e surpreende	59
2.1.	Na fuga	60
2.2.	Na expulsão	62
2.3.	No conflito familiar	64
2.4.	No trabalho	66
2.5.	No luto	68
2.6.	Na tempestade	68
2.7.	No sono	69
2.8.	No desânimo	70
2.9.	Na busca	70
2.10.	Em casa	71
2.11.	Na prisão	71
3.	Deus fala e se cala	72
4.	O Exílio: um paradigma para as crises	75

5.	Deus no outro	76
6.	No outro vulnerável e injustiçado	77
7.	Os *sinais dos tempos* apontam outra direção	81
Concluindo		83
Referências...		83

Capítulo 3
Lendo a misericórdia nos sinóticos a partir de Lucas 85
Frei Rivaldave Paz Torquato

Referências...		94

Capítulo 4
Agir ético-libertador na Carta aos Efésios............................ 95
Frei Gilvander Luís Moreira

1.	Iniciando a reflexão	95
2.	Agir é o que faz a diferença	95
3.	Olhar panorâmico sobre a "Carta aos Efésios"	98
4.	Nosso Deus age de forma libertadora..........................	100
5.	Tudo "em Cristo"	101
6.	Libertar "pelo sangue" é libertar doando a vida	101
7.	Somos todos/as da família de Deus...............................	102
8.	Que tipo de comportamento é digno de uma pessoa cristã?...	103
9.	Ser humilde, sim; humilhado, não!...............................	103
10.	Sejam pessoas humanas!	104
11.	Lute pela justiça sendo justo: eis a verdade	105
12.	"Sois membros uns dos outros!"	106
13.	Roubo de nenhuma espécie	107
14.	Trabalho que dignifica, sim!	108
15.	"Andai no amor" (Ef 5,1), sem hipocrisia.....................	109
16.	E agora, José e Maria?	111

Capítulo 5
Inspirações bíblicas na luta por direitos................................. 113
Frei Gilvander Luís Moreira

1.	Iniciando a reflexão	113
2.	Deus e Jesus na história, o divino no humano	114
3.	Povo de fé na luta pela terra e por direitos..................	117
4.	O que é fé segundo a Bíblia?...	118

5. Que tipo de líder religioso contribui com a libertação do povo? 119
6. Capitalismo é idolatria do mercado? 122
7. Religião libertadora ou opressora? 124
8. A Bíblia repudia todo tipo de idolatria 126
9. Não usar em vão o nome de Deus 127
10. Segundo a Sociologia da Religião, que tipo de prática religiosa liberta? 132
11. Luta pela terra a partir do livro de Josué: chaves de leitura 137
    11.1. Os líderes da luta pela terra podem receber terra? 142
    11.2. Visão mística da luta pela terra 144
    11.3. Mulheres no volante da luta pela terra 146
    11.4. Josué foi mesmo grande líder de todas as lutas pela terra em Canaã? 149
12. Natal: o divino no humano a partir dos últimos 151
13. Treze características da pedagogia emancipatória de Jesus Cristo 156
    13.1. A partir da periferia 157
    13.2. Prioriza a formação 157
    13.3. Não foge do combate 158
    13.4. Sempre em movimento 158
    13.5. Marcha na contramão 159
    13.6. Sabe a hora de conviver e a hora de lutar 159
    13.7. Resistir 160
    13.8. Não trai sua origem 161
    13.9. Pedagogia da partilha de pães que liberta e emancipa 161
    13.10. Participar da vida pública transformando a sociedade (Lc 10,38-42) 166
    13.11. Ser simples como as pombas e esperto como as serpentes 167
    13.12. Intransigência diante da opressão econômica e política 169
Referências 170

Sobre os autores 171

APRESENTAÇÃO
Conversas com a Velha Senhora
Inspirações bíblicas para nossa vida hoje

Francisco Orofino

> A Palavra possui, em si mesma, uma tal potencialidade, que não a podemos prever. O Evangelho fala da semente que, uma vez lançada à terra, cresce por si mesma, inclusive quando o agricultor dorme (Mc 4,26-29). A Igreja deve aceitar esta liberdade incontrolável da Palavra, que é eficaz a seu modo e sob formas tão variadas que muitas vezes nos escapam, superando as nossas previsões e quebrando os nossos esquemas.
>
> (PAPA FRANCISCO, *Evangelii Gaudium*, n. 22)

Em várias comunidades encontramos uma velha senhora. É uma figura referencial na vida das pessoas da comunidade. Ela está sempre pronta a acolher, a aconselhar, a encaminhar problemas, a sugerir remédios caseiros e chás milagrosos com ervas que só ela conhece. As pessoas recorrem a ela para informações, orientações, partilha de saberes e curiosidades sobre o tempo e sobre a vida. As perguntas variam muito porque as pessoas são diferentes e têm preocupações diferentes. Mas a velha senhora, que é sempre a mesma, dá respostas diferentes para as mesmas pessoas, e respostas iguais para pessoas diferentes. Ela não padroniza nem pessoa nem resposta. Cada qual tem a resposta para sua dúvida.

A Bíblia também é uma velha senhora. E este livro mostra como é bom conversar com ela. Geralmente pensamos a Bíblia como um livro dogmático, cheio de doutrinas restritivas e de ensaios teológicos de difícil acesso. A Bíblia não é nada disso. Assim como uma velha senhora, a Bíblia é, antes de tudo, um conjunto de livros didáticos. A Bíblia quer ensinar através da partilha de uma sabedoria acumulada durante muitos anos. Ela quer nos transmitir esta sabedoria como quem conta uma história. A Bíblia, no fundo, quer falar da vida do povo. E quem não gosta de falar dos outros?

Pensando assim, podemos achar que a Bíblia não serve para nada. Por que então recorrer a ela? Exatamente por isso é bom conversar com ela, deixando que fale por si. Só assim vamos descobrir a riqueza da personalidade dessa velha senhora. Sua fala é, muitas vezes, difícil de entender, e até mesmo cheia de contradições. Mas, na conversa, ela revela suas aspirações, desejos e utopias, expressas nos rostos das inúmeras pessoas que passaram pela história do povo santo de Deus, ao longo de seus quase dois mil anos de caminhada, registradas nos vários livros que a formam.

Assim, nesses inúmeros rostos humanos, a Bíblia nos ensina a perceber o rosto santo de Deus, quer nos ensinar a encontrar e contemplar esse grande rosto. Ela é então a luz que ilumina nossos caminhos de buscas no tempo que se chama hoje. Porque é neste hoje que todos e todas nós vivemos, buscamos, questionamos, rezamos, amamos. A velha senhora, com toda a sua sabedoria acumulada, quer nos ajudar a entender o hoje de nossas vidas.

Desta forma, cada pessoa que quer conversar com a Bíblia traz seu assunto, sua visão, suas buscas e demandas, principalmente as que mais a angustiam. As pessoas também sentem curiosidade, querem informações sobre o passado, buscam o rosto de uma determinada personagem da história.

E a velha senhora acolhe essa diversidade de maneiras de interrogar, perguntar, questionar, sabendo dar as informações necessárias e partilhando seus saberes. Suas respostas variam muito, assim como variam as pessoas. Mas é exatamente isso o que é bom da conversa. Quando nos reunimos ao redor da Bíblia, o texto bíblico é sempre o mesmo. O que varia são as pessoas, as perguntas e as contribuições de cada um. Por isso a velha senhora sempre estimula as conversas entre as pessoas, porque ela sabe que uma boa conversa gera conversão.

Este livro quer ser, antes de tudo, uma boa conversa com a velha senhora. Ele reúne cinco reflexões diferentes em objetivos, estilos, linguagem e tamanho. O grande ponto em comum dos artigos nele apresentados é que são elaborados por três irmãos mendicantes, congregados na Ordem dos Irmãos da Bem-aventurada Virgem Maria do Monte Carmelo. São irmãos carmelitas, cada um com sua vida, sua história, seus estudos e suas opções pastorais, mas todos unidos no mesmo espírito carmelitano.

Frei Carlos escreve *Profeta Elias: caminhar sempre*. Em seu texto, mostra a caminhada espiritual do profeta Elias como modelo de itinerário para Deus, foco importante na espiritualidade carmelitana.

Frei Gilvander partilha sua militância na luta pelos direitos dos pobres nas periferias urbanas de Belo Horizonte, MG, em dois textos: *Inspirações bíblicas na luta por Direitos*, que reúne doze pequenas reflexões, e *Agir ético-libertador na Carta aos Efésios*, tema do Mês da Bíblia do ano de 2023.

Frei Rivaldave apresenta também dois textos. Sob o impacto da pandemia e do esvaziamento de nossas celebrações litúrgicas, reflete sobre o encontro com Deus fora dos esquemas rituais em *Meditação bíblica pós-pandemia*. Num segundo artigo retoma um tema caro ao atual pontificado: *Lendo a misericórdia nos sinóticos a partir de Lucas*.

Queremos, como leitores e leitoras, agradecer a cada um deles pela contribuição dada na conversa com a Bíblia. Estes textos de fato mostram que a Palavra "é eficaz a seu modo e sob formas muito variadas..." e que, de fato, é muito bom conversar com essa velha senhora.

Introdução

A *Regra dos Carmelitas*, referindo-se à refeição, aconselha os membros da Família Carmelitana que "comais em um refeitório o alimento que vos for distribuído, escutando juntos alguma leitura da Sagrada Escritura" (*Regra*, n. 7). Em seguida, ela amplia o conselho, orientando que "permaneça cada um na sua cela [quarto], ou perto dela, meditando dia e noite na lei do Senhor" (*Regra*, n. 10), em clara alusão ao Salmo 1,1-2.

Essas motivações da *Regra* tocam fundo o coração de um/a carmelita, sendo a escuta da Palavra divina uma das grandes colunas do carisma da Família Carmelitana. Fazer a experiência do Deus vivo por meio da Palavra e ajudar o povo a se apropriar de sua força libertadora, de forma atualizada e encarnada, são serviços que tantos/as carmelitas abraçam com ternura e determinação. Nessa perspectiva emerge este livro.

Em um encontro casual dos freis Carlos, Gilvander e Rivaldave, em uma *boa conversa*, surgiu a ideia de publicarmos um livro com meditações bíblicas. Trata-se de reflexões sobre vários assuntos organizadas conforme a sequência temática bíblica.

Assim, a primeira, percorrendo o ciclo do profeta Elias no primeiro e no segundo livros dos Reis, apresenta a vida e a missão do profeta que desmascara a religião idolátrica que aliena o povo. Trata-se de uma chave de leitura para as histórias da Bíblia sobre o profeta Elias. A segunda reflexão foi motivada pela realidade da pandemia da Covid-19, quando muitas pessoas reclamavam das Igrejas fechadas. A partir dos exemplos bíblicos, procurou-se mostrar a necessidade de abrir a mente para experienciar Deus a partir do outro – injustiçado e vulnerável – que está fora dos templos. O terceiro texto reflete sobre o conceito de justiça nos sinóticos tomando por base o Evangelho de Lucas: quando a justiça é movida pela compaixão, que vai ao encontro da miséria alheia, chama-se misericórdia. Trata-se da justiça que ultrapassa aquela dos escribas e fariseus (Mt 5,20). O quarto tema foi motivado pelo mês da Bíblia de 2023, oferecendo, assim, uma chave de leitura para a Carta aos Efésios. O quinto e último tema consiste em reflexões bíblicas voltadas para a práxis, como impulso para o engajamento e compromisso com a luta do povo por direitos.

Desejamos que os textos oferecidos ajudem a alimentar a caminhada de nosso povo. Oxalá os textos provoquem a *boa conversa que gera conversão*!

CAPÍTULO 1
Profeta Elias: caminhar sempre

Frei Carlos Mesters

Introdução

Este texto é uma chave de leitura para as histórias da Bíblia sobre o profeta Elias. Os elementos apresentados a seguir facilitarão a compreensão do texto bíblico.

O profeta Elias encarna a profecia

No episódio da Transfiguração de Jesus (Lc 9,30), o Antigo Testamento está representado por Moisés e Elias. Moisés encarna a Lei; Elias, a profecia. Apesar de esse último ser considerado o primeiro dos grandes profetas, não existe na Bíblia um livro com o nome do *Profeta Elias*. Outros profetas, bem menos importantes, têm um livro: Jonas, Naum, Ageu etc. Por quê?

As histórias de Elias estão no primeiro e no segundo livros dos Reis, que nós chamamos *Livros Históricos*. Os judeus chamam estes mesmos livros *Profetas Anteriores*. Para os judeus, não basta conhecer só a *história* dos Reis. Eles querem conhecer a história enquanto interpretada por um olhar *profético*. Por isso chamam esses livros de dos *Profetas* ou *Proféticos*. Isso ajuda a discernir melhor os apelos de Deus dentro da história da própria vida hoje.

O profeta Elias viveu e atuou na primeira metade do século IX, entre os anos 900 e 850 antes de Cristo. Antes de Elias já houve muitos profetas, pois o movimento profético era um fenômeno comum que fazia parte da cultura da época. Todos os reis, tanto os de Israel e de Judá e de outros povos, cada um no seu próprio reino, tinham seus profetas para legitimar o poder real diante do povo. Apoiado pelos profetas, cada rei governava seu povo em nome da sua divindade, mas Elias era um profeta diferente.

Em Elias a profecia irrompe autônoma e cria liberdade frente ao sistema da monarquia. Ele é o primeiro que, a partir da sua experiência de *Deus* como *Yahweh*, teve a coragem de enfrentar o poder absoluto e pretensamente divino da monarquia e de denunciar as injustiças cometidas pelo rei Acab (874-853) e pela rainha Jezabel (2Rs 21,17-29). Através de Elias, *o carisma começa a questionar o poder*. Por isso, Elias tornou-se o símbolo da ação profética em Israel! A partir dele se começa a ler a história dos reis com um olhar profético, nascido da fé em Yahweh.

As histórias do profeta Elias

Elias viveu no século IX antes de Cristo. As histórias da sua atuação como profeta foram transmitidas oralmente ao longo das gerações a partir dali. Porém a organização mais sistemática destas histórias, da maneira como elas agora se encontram no livro dos Reis, só teve início durante o cativeiro da Babilônia, no século VI

(587-538). Durante o cativeiro, o povo exilado começou a despertar e a recordar as histórias do seu passado para nelas encontrar luz e força diante dos graves problemas que estavam vivendo. Foi neste ambiente de revisão que as histórias de Elias foram redigidas para ajudar o povo do cativeiro a descobrir a causa da crise e oferecer-lhe um projeto de reconstrução de sua identidade e sua missão como Povo de Deus.

As histórias do profeta Elias são muito mais que só histórias. O povo do cativeiro olhava para elas como para um espelho, para descobrir aí a sua missão. Elas eram narradas para despertar nos ouvintes uma consciência mais crítica frente à monarquia de Israel e frente à tentação sedutora dos ídolos do império da Babilônia. Transmitidas de geração em geração, estas histórias faziam parte da identidade do povo. Nasceram muito antes das pessoas que as transmitiam e continuaram a ser transmitidas após suas mortes, até hoje. Seu objetivo era provocar no povo a mesma ação em defesa da Aliança que tinha caracterizado a vida e a ação do profeta Elias.

As histórias do profeta Elias são *histórias populares*. Aqui vale o que acontece em todas as histórias populares: "quem conta um conto aumenta um ponto". De tão usadas e narradas ao longo dos séculos, as histórias de Elias se parecem com aquele livro que, por causa do uso frequente, foi perdendo as capas da frente e de trás. Na história de Elias faltam o começo e o fim. A Bíblia não conta o nascimento nem a morte do profeta; não menciona a mãe nem o pai de Elias. Só sobraram seis histórias que agora ocupam seis capítulos nos dois livros dos Reis. Parece um álbum com seis grandes fotografias. Cada foto, cada capítulo, traz um assunto bem determinado. Eis a sequência:

1Rs 17: Na torrente Carit e em Sarepta,	a preparação do profeta.
1Rs 18: No Monte Carmelo, perto da fonte,	a defesa da Aliança.
1Rs 19: No deserto e no Monte Horeb,	a crise de Elias e a maneira de superá-la.
1Rs 21: Na vinha de Nabot,	a denúncia e a luta pela justiça.
2Rs 1: No alto do Monte,	o homem de Deus e do fogo.
2Rs 2: No desaparecimento no Carro de fogo,	a missão de Elias continua no profeta Eliseu.

O eixo central: caminhar sempre

O eixo central que atravessa e unifica as histórias de Elias é a imagem do *homem que caminha*. Caminhar sempre! A intervenção constante da Palavra de Deus obriga Elias a sair do lugar onde se encontra para o lugar onde Deus o quer: "Vai-te daqui!" (1Rs 17,2; cf. 1Rs 17,9; 18,1.12.46; 19,7.11.15; 21,18; 2Rs 1,3.15; 2,2-6.11). Elias deve *caminhar*. Ele já não se pertence. Sua vida tornou-se uma despedida contínua. E invariavelmente a resposta é esta: "E Elias partiu e fez como Javé tinha mandado!" (1Rs 17,5; cf. 1Rs 17,10; 18,2.15; 19,8.13.19; 2Rs 1,4.15; 2,2.4.6).

Este caminhar constante de Elias era o espelho onde o povo do cativeiro encontrava luz e força para caminhar e não desanimar. Era o espelho onde os primeiros carmelitas encontravam refletido o *itinerário místico* que os orientava na sua busca de Deus. É o espelho, onde nós, hoje, encontramos algo de nós mesmos, dos nossos problemas e aspirações e da nossa esperança.

Desde que se abriu à ação da Palavra, a vida de Elias é só movimento. Já não pode parar. Deve andar sempre, sair de um lugar para outro:

para a torrente de Karit (1Rs 17,3),
  para Sarepta na Sidônia (1Rs 17,9),
    para encontrar o rei Acab no Carmelo (1Rs 18,1),
      para ir na frente do rei até Yisrael (1Rs 18,46),
        para o Monte Horeb (1Rs 19,8),
          para continuar a missão e ungir Eliseu (1Rs 19,15-16),
           para denunciar o rei na vinha de Nabot (1Rs 21,17-19),
             para Betel (2Rs 2,2),
               para Jericó (2Rs 2,4),
                 para o Jordão (2Rs 2,6).

Ele já não se pertence. Sua vida tornou-se uma despedida contínua. Um peregrinar constante em busca do que Deus queria dele. Elias viveu em estado permanente de êxodo! No fim, ele é arrebatado (2Rs 2,11). Como tal, ele é conhecido pelo povo: alguém totalmente disponível que, a cada momento, pode ser levado pelo Espírito para realizar a obra de Deus (1Rs 18,12).

De um lado, a *Palavra*, que atinge Elias em todos os momentos da sua vida, tanto de clareza, coragem e decisão, como de confusão, desânimo e desencontro. De outro lado, *o próprio Elias*, que se abre para que a Palavra tome conta dele e o leve por caminhos dos quais ele mesmo nem sempre conhece o trajeto nem percebe o alcance.

O caminhar de Elias não é só geográfico, mas atinge todos os níveis da vida: o nível pessoal e comunitário; o nível das instituições tanto econômicas e sociais, como políticas e religiosas; o nível da cultura e dos valores básicos da vida. A palavra que o chama e convoca inicia nele e através dele um processo de mudança e de transformação que abrange tudo e que continua até hoje.

Este caminhar constante, motivado pela Palavra, era o espelho onde os primeiros carmelitas reencontravam o seu ideal de vida. É também o espelho onde nós revemos hoje nossos problemas e aspirações. A ideia do *caminho*, presente tanto na Bíblia como na Tradição, é capaz de inspirar nossa vida hoje. Vamos ver de perto os três aspectos deste caminho: 1) O ponto de partida: a situação de que Elias deve partir; 2) O caminhar constante: as características que marcam o itinerário de Elias; 3) O ponto de chegada: o novo horizonte que se abre.

1. O ponto de partida da caminhada de Elias

1.1. No tempo de Elias

O profeta Elias entrou em ação na época de Acab, rei de Israel. Amri, o pai de Acab, subiu ao poder por um golpe militar contra o rei Zimri (886-885). O governo de Amri durou doze anos (885-874). Dele pouco se fala na Bíblia. Com ele começou um período de progresso econômico, continuado pelo filho Acab, que governou vinte e dois anos (874-853 a.C.). Durante os trinta e quatro anos de reinado destes dois reis, toda a política, tanto interna quanto externa, era dirigida para uma estabilização do país e um aumento do poder econômico. Estes dados são confirmados pela arqueologia e pela leitura histórico-crítica do texto. Porém a leitura *profética* destes mesmos fatos, conservada no livro dos Reis, é diferente. Ela tem outros critérios de análise.

Eis o texto que, na Bíblia, traz um resumo do governo de Acab e oferece aos leitores o quadro de referências para introduzir a ação profética de Elias:

> Acab, filho de Amri, subiu ao trono de Israel no ano trinta e oito do reinado de Asa, rei de Judá. Reinou sobre Israel em Samaria vinte e dois anos. Acab, filho de Amri, fez o que Yahweh reprova, mais do que todos que vieram antes dele. Além de imitar os pecados de Jeroboão, filho de Nabat, casou-se com Jezabel, filha de Etbaal, rei dos sidônios. E começou a servir e a adorar Baal. Chegou a construir em Samaria um templo e um altar para Baal. Acab levantou também um poste sagrado e cometeu outros pecados, irritando Yahweh, o Deus de Israel, mais do que todos os reis de Israel que viveram antes dele. No seu tempo, Hiel de Betel reconstruiu Jericó: os alicerces lhe custaram a vida do seu filho Abiram, e as portas custaram a vida de Segub, seu filho caçula, como Yahweh havia predito por meio de Josué, filho de Nun (1Rs 16,29-34).

Nesta breve introdução à história de Elias, a leitura *profética* dos fatos acentua não o progresso material realizado pelo governo de Amri e Acab, mas sim as consequências negativas da política dos reis. Os seis capítulos da história de Elias oferecem detalhes concretos com relação a estes aspectos negativos. Eis alguns:

1. As mudanças culturais, provocadas pelo progresso econômico e pela aliança com Etbaal, rei dos Sidônios, através do casamento de Acab com Jezabel, filha de Etbaal (1Rs 16,31), mudou a visão que o povo tinha das coisas. A terra já não era vista como fonte de identidade nem como herança intransferível de Yahweh, mas apenas como meio de troca e de lucro (1Rs 21,2). Isto trouxe consigo um grave conflito entre os interesses da monarquia e os costumes tribais (1Rs 21,3).

2. A monarquia centralizou o poder e o manipulava em seu próprio favor. A história da vinha de Nabot é uma amostra evidente deste abuso (1Rs 21,1-16). Na época da seca, quando a fome apertava a todos, o rei não se preocupou com a vida do povo, mas sim com a sobrevivência dos seus cavalos e jumentos que lhe garantiam o comércio e o transporte da produção (1Rs 18,5).

3. Para defender os seus próprios interesses e impor seu ponto de vista, o rei não tinha medo de usar a força do exército (2Rs 1,9.11.13), manipular as instituições tribais como o profetismo (1Rs 18,19), exigir juramentos, decretar leis (1Rs 18,10; 21,9) e praticar roubo e assassinato (1Rs 18,12; 21,10-14; 19,1-2). Era uma situação de desmando, arbítrio e injustiça.

4. Para combater e neutralizar a resistência da religião de Yahweh, Acab e Jezabel manipulavam os costumes religiosos, como o jejum (1Rs 21,9), e introduziram o culto ao deus Baal (1Rs 16,31), uma divindade vinda da Sidônia largamente venerada na Palestina através dos seus numerosos profetas (1Rs 18,19). O culto a Baal favorecia a prostituição sagrada e o sacrifício de vidas humanas (1Rs 16,34). Os profetas de Yahweh tentaram reagir, mas foram perseguidos e mortos (1Rs 18,13). Elias era um dos poucos que sobraram (1Rs 19,10).

Sob a influência de todos esses fatores, criou-se uma grande confusão na cabeça do povo, que já não sabia quem era o Deus verdadeiro: Baal ou Yahweh (1Rs 18,21). A própria imagem de Yahweh tornou-se igual a um Baal qualquer. "Baalizaram" Yahweh. E Elias se queixa amargamente: "Os filhos de Israel abandonaram tua Aliança, derrubaram teus altares e mataram teus profetas"

(1Rs 19,10.14). Para ele, a experiência iniciada no Êxodo, 400 anos antes, com a conclusão da Aliança entre Deus e o povo no Monte Horeb (Sinai), tinha fracassado. O povo voltou a uma situação de opressão, igual àquela do tempo em que ainda vivia no Egito.

Esta era a situação na qual Elias devia iniciar a sua missão profética. Situação estruturalmente contrária à Aliança. Suas consequências eram nefastas para a vida do povo, causando fome, doença, confusão, perseguição, massacre, morte, desespero e seca (1Rs 17,7-12.17; 18,2.3.5.13.21). Dentro da mentalidade da época, a seca era interpretada como castigo de Deus pelos pecados de infidelidade.

Assim, terminada a descrição do governo de Acab com seus desvios e pecados (1Rs 16,29-34), o livro dos Reis introduz o profeta Elias anunciando e interpretando a terrível seca como castigo de Deus pelos desmandos do Rei (1Rs 17,1).

> Elias, o tesbita de Tesbi de Galaad, disse ao rei Acab:
> Pela vida de Javé, o Deus de Israel, a quem sirvo:
> nestes anos não haverá orvalho nem chuva,
> a não ser quando eu o mandar (1Rs 17,1).

É neste momento que começa a caminhada do profeta Elias, lutando pela vida do povo e pela restauração da Aliança.

1.2. No tempo do Cativeiro

No ano de 587 antes de Cristo, Nabucodonosor, rei da Babilônia, invadiu a Palestina e avançou até a cidade de Jerusalém. No mês de agosto do mesmo ano, após um longo cerco, Jerusalém foi tomada e destruída, o Templo foi profanado, as casas do povo foram incendiadas, as famílias desintegradas e milhares de pessoas foram levadas para o exílio na Babilônia. Perderam tudo. Diziam que Deus os havia abandonado (Is 40,27; 49,14; Jr 33,23-24), pois tudo o que, até aquele dia, tinha sido o fundamento da sua fé e o sinal visível da presença de Deus, foi destruído:

O Templo, no qual Deus tinha dito que haveria de morar para sempre (1Rs 9,3), foi incendiado (2Rs 25,9).

O Culto, que tinha sido instituído como sinal perpétuo, estava interrompido (Lm 2,6-7). Os Sacerdotes foram massacrados (Jr 52,24-27) ou levados para o cativeiro (Sl 79,1-3; Lm 4,16).

A Monarquia, da qual Deus tinha dito que sempre haveria um descendente de Davi no trono (2Sm 7,16), já não existia mais (2Rs 25,7).

Jerusalém, a cidade de Davi, que Deus desejou que fosse sua residência para sempre (Sl 132,13-14), estava destruída (Lm 1,6; 2,1-10).

A Terra, cuja posse tinha sido garantida para sempre (Gn 13,15), passou a ser a propriedade dos inimigos, que a distribuíram aos pobres (2Rs 25,12; Jr 39,10; 52,16). O povo de Deus perdeu a posse e foi para o exílio na Babilônia, a antiga Ur dos Caldeus (Jr 52,28-30). Estava de volta no mesmo país de onde, em 1800 antes de Cristo, Abraão tinha saído para seguir o chamado de Deus (Gn 11,31).

A história foi terminar tragicamente no mesmo lugar onde havia começado, mil e trezentos anos atrás. A grande pergunta era esta: "Como entender esta tragédia? Por que tudo isto nos aconteceu? Por que Deus nos castigou tanto? O que fizemos de errado? O que fazer agora?

Qual a saída?" (Sl 44,18-25; Sl 77,6-10; 89,39-47). Três respostas eram dadas, misturadas entre si.

Alguns achavam que era melhor saltar fora do barco antes que afundasse inteiramente. Liam a realidade a partir do ponto de vista da ideologia do império; se acomodaram no exílio e se adaptaram à nova situação. Como na época de Elias, eles abandonaram Yahweh e adotaram os ídolos e o jeito de viver dos opressores.

Outros, como Zorobabel e o sumo sacerdote Josué, insistiam em ler a realidade a partir do ponto de vista da monarquia, dos reis derrotados. Queriam voltar para a terra, vingar o mal que lhes tinha sido feito, reconstruir o templo e restaurar a monarquia tal como tinha sido no passado.

Outros ainda achavam que a solução não era voltar ao passado nem se acomodar no presente, mas sim aprender a ler com outros olhos a nova situação em que se encontravam. Procuravam ler a realidade a partir do seu próprio ponto de vista. Perguntavam-se: "O que será que Deus nos quer ensinar por meio destes fatos tão trágicos em meio a que nos encontramos agora? Qual o apelo de Deus para nós?"

Foram estes últimos que começaram a investigar o passado em busca de uma pista da saída. É a partir deles que começa a releitura e a redação das histórias de Elias para encontrar nas ações do profeta uma resposta para as perguntas e os problemas do povo exilado. A situação do povo na época de Elias tornou-se para eles um espelho crítico. A política de Acab e Jezabel evocava a sedução insidiosa da idolatria com que eles se defrontavam no cativeiro da Babilônia (cf. Is 44,9-20; Br 6,1-72).

1.3. No tempo de hoje

Hoje a miséria crescente do povo, a injustiça impune, a corrupção galopante, o sofrimento dos que nunca cometeram nenhum mal, o abandono, o desemprego, a desigualdade social, a exclusão, a solidão, os desastres naturais, a ameaça ecológica, tsunami, furacões, ciclones, terremotos, aids, o desamor, a violência, o terrorismo que desintegra a convivência humana... Tudo isso provoca em nós um forte questionamento: "O que fazer? Parece um túnel escuro, um cativeiro pior do que aquele da Babilônia! Há saída? Como salvar a vida humana? Como encontrar Deus no meio de tudo isso?"

Como no tempo do cativeiro, alguns dizem: "Paciência! Essas coisas acontecem. Quem somos nós para mudar o rumo da história? O que podemos fazer? Nada! Nós, pobres indivíduos, não temos poder". Acomodam-se no sistema neoliberal. Vão à missa, rezam, assistem à história humana pela televisão, sabem tudo que se passa no mundo, mas não sabem como reagir. Sua fé perdeu a lucidez crítica e a força transformadora.

Outros dizem: "Há esperança! Existe luz no fim do túnel. Devemos continuar a lutar para mudar a situação!". Dizendo que existe luz no fim do túnel, afirmam que dentro do túnel não existe luz. Lá dentro só existe escuridão. Só conhecem um único tipo de luz, aquela de antigamente, que conheceram antes de entrar no túnel. Avaliam a situação atual com os critérios do passado, de antes e de fora do túnel, em que agora nos encontramos todos. Querem restaurar o passado, como Zorobabel e o sumo sacerdote Josué.

Outros dizem: "Existe luz *dentro* do túnel! Temos que descobri-la! Temos que descobrir o povo que há muito tempo vive dentro do túnel, e aprender dele como lutar e sobreviver. Pois este povo que vive no túnel sabe como resistir sem desintegrar-se!"

Elias pode oferecer uma pista, pois ele soube encontrar uma luz naquela escuridão em que vivia. A situação de onde Elias devia partir era, como hoje, uma situação de crise que estourou em todos os níveis da vida: econômico, social, político, ideológico, cultural, religioso. Uma crise semelhante estourou na vida do povo que foi levado para o cativeiro da Babilônia. É nesses momentos de crise profunda que a Palavra de Deus se faz presente chamando a todos para fazer uma ruptura e dar o primeiro passo em direção a Carit. Eis como começa na Bíblia a história do profeta Elias:

> Javé dirigiu a palavra a Elias: Saia daqui, dirija-se para o oriente e esconda-se junto ao córrego Carit, que fica a leste do Jordão. Você poderá beber água do córrego. Eu ordenei aos corvos que levem comida para você (1Rs 17,3-4).

2. No caminho, Carit, início de novo Êxodo

É difícil reconstruir a cronologia exata da caminhada de Elias. Também não é tão importante para o nosso objetivo. As histórias de Elias não eram usadas como relatórios de viagens, mas como símbolo ou espelho. Da maneira como agora estão redigidas nos livros dos Reis, elas são, ao mesmo tempo, *história* e *alegoria*. Nelas o passado é evocado não como mera lembrança saudosista, mas como tarefa e missão para o povo exilado, ao qual ofereciam um horizonte de esperança naquela situação de desespero. Mais do que nós, hoje, o povo daquele tempo tinha sensibilidade para perceber o valor simbólico das histórias do passado. Eles descobriam a si mesmos nas coisas que liam ou ouviam sobre as façanhas de Elias. Encontravam nele o modelo de como refazer a história para poder criar um novo futuro.

Assim, para eles, a ida de Elias para a torrente Carit representava um novo começo da história. Elias volta ao deserto para refazer o Êxodo e iniciar o novo processo da reconstrução da Aliança que vai culminar no reencontro com Deus no Monte Horeb e terminar na travessia do Jordão em direção à Terra Prometida. Os exilados e todos nós somos convocados a fazer o mesmo.

A sequência das histórias de Elias e a evocação do Êxodo

A história do Êxodo é evocada ao longo dos seis capítulos das histórias de Elias. A releitura do passado usando o esquema básico do Êxodo era muito comum naquele tempo, pois todos conheciam a história. Sabiam como ela tinha começado, quais tinham sido as etapas da caminhada pelo deserto, quais as crises e purificações e como tinha terminado, levando o povo à posse da terra prometida. Esta maneira de reler a história fazia com que o povo se sentisse envolvido por um novo e definitivo êxodo.

As histórias de Elias usam o esquema do Êxodo não no sentido de seguir cronologicamente, ponto por ponto, todas as suas etapas, mas no sentido de evocar fatos e acontecimentos significativos. Quando hoje no Brasil alguém diz "Cidade Maravilhosa", todos já sabem que se está falando do Rio de Janeiro. Assim, naquele tempo, bastava alguém falar de travessia, caminhada pelo deserto, aliança, murmurações do povo, reclamações contra Deus e contra Moisés, pragas, Montanha de Deus, terremoto, maná etc., todos já sabiam que se tratava do Êxodo. Para o bom entendedor meia palavra basta. Para eles, a história não era algo do passado que devia ser guardado na memória ou no museu, mas era o seu presente, a sua identidade, o seu fundamento, o poço de onde bebiam. Vejamos agora de perto, capítulo por capítulo, as histórias de Elias e como nelas transparece o Êxodo.

1 Reis 17: preparação do Profeta

2.1. A Entrada no Deserto de Carit (1Rs 17,2-3)

Depois de ter anunciado a seca, Elias recebe a ordem: "Saia daqui, dirija-se para o oriente e esconda-se junto ao córrego Carit, que fica a leste do Jordão. Você poderá beber água do córrego. Eu ordenei aos corvos que levem comida para você" (1Rs 17,3-4). Obediente à Palavra de Deus, "Elias partiu e fez como Javé ordenara, indo morar na torrente de Carit, a leste do Jordão" (1Rs 17,5). É o começo da caminhada.

No Êxodo, a travessia do rio Jordão para entrar na Terra Prometida marcou o fim da caminhada de quarenta anos pelo deserto (Js 3,14-17). Na história de Elias, acontece o contrário. Ele atravessa o Jordão, mas é para sair da Terra Prometida e voltar para o tempo do deserto, pois a aliança estava quebrada, a ligação com Deus havia sido rompida. Tudo devia ser refeito!

A bondade de Deus é maior que a infidelidade do povo. Ele sempre oferece uma nova oportunidade. Assim, desde os tempos do profeta Oseias cresce no povo o desejo de voltar ao deserto, ao tempo do noivado: "Quando Israel era criança, eu o amei!" (Os 11,1). "Vou seduzi-la de novo e conduzi-la ao deserto para falar-lhe ao coração" (Os 2,10). "Eu sou teu Deus desde o Egito e te farei habitar novamente em tendas" (Os 12,10). "Eu me lembro de seu afeto de jovem, de seu amor de noiva, quando você me acompanhava pelo deserto" (Jr 2,2). O povo deve voltar ao deserto, voltar sempre, para experimentar de novo o primeiro amor! (cf. Ap 2,4) Elias é convidado a iniciar este retorno ao Êxodo. O córrego Carit é a primeira etapa.

2.2. Elias é alimentado no deserto (1Rs 17,4-6; 19,5-8)

Lá no córrego Carit, Elias é alimentado por Deus. "Os corvos lhe traziam pão de manhã e carne à tarde, e ele bebia da torrente" (1Rs 17,4-6). Elias é alimentado quando estava desanimado, deitado meio morto debaixo do junípero. Um anjo o acordou para ele comer "porque o caminho é longo" (1Rs 19,5-8). Quarenta dias e quarenta noites! (1Rs 19,8).

No êxodo o povo se queixava da falta de água e de comida (Ex 15,22-25; 16,3). Moisés respondeu: "Yahweh vos dará esta tarde carne para comer e pela manhã pão com fartura" (Ex 16,8). E o próprio Deus dizia: "Ao anoitecer comereis carne e pela manhã vos fartareis de pão e sabereis que eu sou Yahweh!" (Ex 16,12). Na força desta comida andaram quarenta anos pelo deserto. O pão era o maná, também chamado "pão do céu" (Sb 16,20).

2.3. Partilhar e não acumular (1Rs 17,7-16)

O córrego secou e a fome apertava. Elias deve ir até Sarepta onde encontra a viúva. Ele põe a viúva à prova, pedindo com insistência para ela partilhar com ele o pouco da comida que lhe restava. A viúva obedece e partilha com Elias o pouco que tem. Como resultado da partilha, não faltou comida até o fim da seca (1Rs 17,16).

No livro do Êxodo, a história do maná é apresentada como uma prova da parte de Deus para ver se o povo era capaz de seguir o mandamento de Deus: "Farei chover pão do céu para vocês: o povo sairá para recolher a porção de cada dia, para que eu o ponha à prova e veja se ele observa a minha lei, ou não" (Ex 16,4). A prova ou a lei consistia nisto: só devem recolher o necessário para cada dia e não podem acumular. Devem fazer o contrário do sistema do Egito, onde tudo era acumulado na mão do faraó. Devem confiar na providência divina que passa pela organização fraterna e se expressa na *partilha*. O povo obedeceu e não faltou mais comida até o fim da caminhada (Ex 16,35).

2.4. Confirmado como profeta (1Rs 17,17-24)

Dentro do conjunto dos seis capítulos, o capítulo 17 descreve a confirmação de Elias como profeta e porta-voz de Yahweh. Morreu o filho da viúva. Elias o ressuscita e a viúva reconhece que ele é homem de Deus: "Agora sei que você é um homem de Deus e que a Palavra de Deus habita em você!" (1Rs 17,24).

Essa afirmação final da viúva é a definição do profeta como tinha sido dada por Moisés (cf. Dt 18,21-22), que vale até hoje. Não é o profeta que se autoapresenta ao povo, mas é o povo – a viúva – que o reconhece a partir do testemunho e das ações que ele realiza (cf. Dt 18,21-22). Toda pessoa que quer ser profeta ou profetisa, porta-voz de Deus, deve antes de tudo entrar na intimidade desse Deus do qual quer ser o mensageiro. Como Elias, deve (1) esconder-se no Carit (1Rs 17,2) ("na *caridade*", comentavam os primeiros carmelitas), (2) praticar e divulgar a partilha (1Rs 17,13-14) e (3) defender a vida do povo, dos pobres, da viúva, do filho da viúva, para que possa merecer ser reconhecido e aceito pelo povo como mensageiro de Deus (1Rs 17,22-24).

1 Reis 18: defesa da Aliança

2.5. Situação de seca, fome e perseguição (1Rs 18,1-15)

O encontro de Elias com Abdias revela a situação de sofrimento em que o povo se encontrava. A seca tinha provocado grande fome. O rei só se preocupava com a sobrevivência dos cavalos e jumentos que lhe garantiam o transporte dos seus produtos comerciais. O povo ficou sem proteção e sem ajuda legal. Elias e os outros profetas que, como ele, procuravam ser fiéis a Yahweh eram perseguidos e massacrados. Só alguns poucos como Abdias tinham a coragem de resistir contra a ideologia do Rei e de defender os profetas. Parecia uma situação sem saída, pois o rei controlava tudo e matava quem ousasse desobedecer às suas ordens. De um lado, Elias e uns poucos corajosos; do outro lado, o rei e a maioria.

Na época do Êxodo, caminhando pelo deserto, o povo passava fome e sede e, por causa disso, criticava Moisés atribuindo a ele a culpa pela situação e demonstrando desejo de voltar para o Egito, onde havia comida em abundância (Ex 14,11-12; 16,2; 17,2-3; Nm 11,1-6).

2.6. O desafio: Baal ou Javé? (1Rs 18,16-24)

No encontro de Elias com o rei Acab, o rei acusa Elias: "Você é a ruína de Israel!" Elias responde: "A ruína é você e sua família, porque vocês abandonaram Javé e seguiram os ídolos!". Os dois se acusam mutuamente. A luta não é entre o rei e o profeta, mas sim entre Baal, o deus do rei, e Yahweh, o Deus de Elias. Baal leva vantagem, pois tem mais de 400 profetas. Elias é o único profeta de Yahweh que sobrou (1Rs 19,10). Mesmo assim, ele não desanima e convoca o Rei, os profetas de Baal e todo o povo para ir com ele no Monte Carmelo para decidir publicamente quem é o Deus que liberta o povo: Baal ou Yahweh.

No Êxodo, diante da demora de Moisés no Monte Sinai, Aarão mandou fazer um bezerro de ouro e disse ao povo: "Eis o Deus que libertou vocês da escravidão do Egito!" (Ex 32,4). O bezerro levava vantagem sobre Yahweh, pois o povo todo fez festa em honra do bezerro de ouro. Moisés era o único que continuou fiel (Ex 32,1-10).

No exílio, a pergunta que os exilados se faziam era esta: "Por que tudo isto nos aconteceu? Quem é a causa da ruína?" (cf. Jr 13,22). Uns diziam: o culpado é o rei, a monarquia! Outros diziam: os culpados são os profetas que usavam os oráculos divinos para apoiar a política desastrada dos reis (Jr 28,1-17). As histórias de Elias e de Moisés ajudavam o povo a discernir.

2.7. Elias enfrenta e desmoraliza os profetas de Baal (1Rs 18,25-29)

Os profetas de Baal preparam o sacrifício, mas não colocam fogo. Invocam a Baal para que faça descer o fogo, mas não acontece nada. Elias ridiculariza a atitude dos profetas frente ao deus Baal: "Gritem mais alto, porque Baal é deus! Pode ser que esteja ocupado. Quem sabe, ele teve que se ausentar. Ou então, está viajando. Talvez esteja dormindo e seja precisa acordá-lo!" (1Rs 18,27). Ele mostra assim que Baal é um deus de mentira que não pode ajudar. Um deus que viaja, dorme, faz negócios, desatento ao clamor do povo, não é deus!

Um deus assim está em contraste radical com Yahweh, o Deus de Elias, que no Êxodo se revelou como o Deus que escuta o clamor do povo oprimido e está atento aos seus gritos de dor (Ex 2,24-25; 3,7).

2.8. Restaura as doze tribos (1Rs 18,30-35)

Chegando sua vez, Elias, com doze pedras representando as doze tribos de Israel, restaura o altar derrubado e restabelece as doze tribos de Israel. Refazendo o altar, ele quer reunir as tribos desintegradas em torno do seu verdadeiro eixo que é a sua aliança com Yahweh. A primeira aliança entre Deus e o povo havia nascido no Monte Sinai, quando as doze tribos se uniram ao redor de Yahweh comprometendo-se a observar as cláusulas expressas nos Dez Mandamentos (Ex 24,1-8). Mas, desde os tempos de Davi e de Salomão, a política da monarquia tinha desarticulado a organização das doze tribos colocando tudo a serviço dos interesses dos reis. Esta política desintegradora da vida tribal continuava durante os governos de Amri e Acab. Com Elias começa a renovação da Aliança.

Na época do Êxodo o que mais chama a atenção é a reorganização do povo no deserto (Ex 18,13-27). Em vez da organização piramidal do Egito, renasce a organização descentralizada das doze tribos. O recenseamento descrito no livro dos Números (Nm 1,1-19) concretiza essa reorganização.

"Restabelecer as doze tribos" ao redor de Yahweh ou "reconduzir o coração dos pais para os filhos e dos filhos para os pais" era o que o povo esperava do profeta Elias quando do seu retorno no fim dos tempos. É com essa esperança que a Bíblia faz a passagem do Antigo para o Novo Testamento (Ml 3,23-24; cf. Sr 48,10; Lc 1,17).

2.9. Testemunha de Javé (1Rs 18,36-41)

Sozinho, Elias enfrentou o sistema da monarquia e desmascarou a falsidade da propaganda oficial. Pela sua oração, fez descer o fogo do céu. Pelo seu testemunho, levou o povo a reconhecer Yahweh como o Deus verdadeiro. Como se fosse numa grande assembleia, o povo fez a sua escolha e decidiu: "Yahweh, ele é Deus!" (1Rs 18,39).

Graças à ação de Elias renasce o povo ao redor de Yahweh. A Aliança se refaz e é celebrada numa festa cultual com sacrifício e banquete de comunhão, no qual o rei participou a convite de Elias (1Rs 18,41). A denúncia de Baal tornou-se anúncio do Deus verdadeiro. O próprio nome de Elias é uma expressão da sua fé: Eli-Jahu, ou seja: meu Deus (Eli) é Yahweh (Jahu).

O ato final do Êxodo é a renovação da aliança na grande assembleia de Siquém (Js 24,1-28). Pelo seu testemunho, Josué levou o povo a voltar para Yahweh (Js 24,14-15).

2.10. Elias faz terminar a seca (1Rs 18,42-46)

O povo reconheceu Yahweh como Deus e desautorizou os profetas de Baal. Por isso o castigo da seca podia terminar. Elias sobe ao topo do Monte Carmelo e começa a rezar pedindo chuva. Sua atitude de oração é muito significativa. Ele coloca a cabeça entre os joelhos. É a posição em que todos nós ficamos durante os nove meses no seio da mãe. Indica uma atitude de total dependência frente a Deus. A oração de Elias foi perseverante e eficaz. Ele mandou o rapaz subir a montanha e olhar o horizonte até sete vezes! Sete vezes significa sempre, sem parar. Ele obteve o que pedia: a chuva cai abundante, gerando nova fertilidade e alimento para o povo.

No Êxodo, Moisés fez com que a seca terminasse e o povo tivesse água para beber (Ex 17,1-7). Moisés também foi perseverante na oração, mantendo os braços estendidos durante a batalha contra os amalecitas (Ex 17,8-12).

A imagem de Deus que transparece neste episódio do Monte Carmelo, descrito no capítulo 18, possui uma ambivalência. De um lado, a total confiança e dependência de Elias frente a Deus; de outro lado, o fogo que consome o sacrifício, e a ação violenta que mata os 450 profetas de Baal. Mais adiante o fogo já não revela Yahweh (1Rs 19,12) e, no Novo Testamento, a experiência que Jesus tem de Deus o levará a dizer: "Amai os vossos inimigos!" (Mt 5,44). Isto significa que, ao longo dos séculos, houve uma evolução na descoberta do rosto de Deus. Em toda experiência de Deus, também na nossa, há algo de absoluto que permanece, e algo de provisório e limitado que vai ter que crescer e ser superado.

1 Reis 19: crise e maneira de superá-la

2.11. A crise de Elias (1Rs 19,1-4)

Foi em nome de Yahweh que Elias matou os profetas de Baal. Foi em nome do deus Baal que Jezabel matava os profetas de Yahweh e ameaçava matar Elias. Ambos matam em nome de seu Deus. Perseguido pela rainha Jezabel e ameaçado de morte, Elias tem medo e tenta escapar da missão que Deus lhe deu. Ele, que parecia tão forte e invencível, aparece agora como é verdadeiramente: fraco e sem defesa. Com medo de ser morto foge do país, vai para o território de Judá, entra no deserto, deita debaixo de uma árvore e desabafa: "Quero morrer! Não sou melhor que meus pais!" (1Rs 19,3-4).

No Êxodo, Moisés, como Elias, teve um momento de desânimo. Criticado pelo povo, queixa-se, quer desistir de tudo e morrer: "Eu sozinho não consigo carregar este povo, pois supera minhas forças. Se é assim que me pretendes tratar, prefiro a morte. Concede-me este favor, e eu não preciso passar por essa desgraça" (Nm 11,14-15).

2.12. A longa caminhada (1Rs 19,5-8)

Elias dormiu debaixo da árvore, mas um anjo o tocou e lhe disse: "Levanta-te e come!". Comeu, bebeu e deitou outra vez. Elias é como muitos de nós: só quer comer, beber e dormir. Mas o anjo o tocou uma segunda vez e disse: "Levanta-te e come, porque o caminho é longo!" (1Rs 19,7). Alimentado por Deus, ele andou quarenta dias e quarenta noites pelo deserto até o Monte Horeb, a montanha de Deus, o mesmo lugar onde, no passado, havia sido concluída aliança entre Deus e o povo (1Rs 19,8; Ex 19,1-8).

Elias busca reencontrar o seu Deus naquele mesmo lugar onde, no Êxodo, havia nascido o povo no encontro com Deus (1Rs 19,8; Ex 19,1-8). A caminhada do novo Êxodo, iniciada no Carit, atinge aqui o seu objetivo. Os quarenta dias e quarenta noites evocam os quarenta anos que o povo andou pelo deserto.

2.13. Encontro com Deus no Monte Horeb (1Rs 19,9-18)

Chegando ao Monte Horeb, Elias está no mesmo lugar onde, no primeiro Êxodo, Moisés teve uma profunda experiência de Deus (Ex 33,12 a 34,9). Deus disse a Moisés: "Eis aqui um lugar junto a mim: fique em cima da rocha. Quando a minha glória passar, eu colocarei você na fenda da rocha e o cobrirei com a palma da mão até que eu tenha passado" (Ex 33,21-22). Chegando na Montanha de Deus, Elias entrou na mesma fenda, "entrou na gruta da montanha e passou aí a noite" (1Rs 19,9). Deus disse: "Elias, que fazes aqui?", e ele responde: "Eu me consumo de zelo pela causa do Senhor, pois os filhos de Israel abandonaram a aliança, derrubaram os altares e mataram os profetas. Fiquei só eu e até a mim eles querem matar!". Elias recebe ordem: "Saia e fique no alto da montanha, diante de Yahweh, pois Yahweh vai passar!" (1Rs 19,11). É aqui que a história de Elias atinge o coração da história do Êxodo e o povo do cativeiro vai poder encontrar uma luz para iluminar a sua escuridão. As duas histórias se encontram, iluminando-se mutuamente.

Elias sai da gruta e se prepara para o encontro com Deus. Primeiro, um furacão! Depois, um terremoto! Depois, um fogo! No Êxodo, naquela mesma Montanha, ao concluir a Aliança com o seu povo, Deus manifestara a sua presença no furacão, no terremoto e no fogo (Ex 19,16). Esses fenômenos eram os sinais tradicionais da presença de Deus no meio do seu povo. Eram os critérios que orientavam Elias na sua busca. Mas agora acontece o inesperado, a surpresa total: Deus já não estava no furacão, nem no terremoto, nem mesmo no fogo que, pouco antes, havia sido o grande sinal da presença divina a queimar o sacrifício na presença de todo o povo (1Rs 18,38). Parece até um refrão que chama a atenção do leitor, da leitora: "Javé não estava no furacão!" – "Javé não estava no terremoto!" – "Javé não estava no fogo!" (1Rs 19,11-12). Os critérios de busca estavam desatualizados. Os sinais tradicionais da presença de Deus eram lâmpadas apagadas. Bonitas para ver, mas sem luz! Deixavam a vida no escuro! Elias vivia no passado. Encerrou Deus dentro dos critérios! Deus já não era como ele, Elias, o imaginava e desejava.

É a desintegração do mundo de Elias: espelho da desintegração da vida do povo no cativeiro depois que o exército de Nabucodonosor tinha destruído todos os sinais visíveis da presença de Deus: templo, culto, rei, Jerusalém, posse da terra. Caiu tudo! Deus já não estava nestes sinais de sempre! Ausência total! É o silêncio de todas as vozes! É a crise mais dolorosa que se possa imaginar! Será que Deus mudou? (Sl 77,10-11) Como encontrá-lo de novo? "Onde está teu Deus?" (Sl 42,4.11; 115,2; 79,10; Mq 7,10).

Na língua hebraica, esse silêncio total de Deus é expresso com as seguintes palavras: "voz de calmaria suave" (*qôl demamáh daqqáh*). As traduções costumam dizer: "murmúrio de uma brisa suave". A palavra hebraica, *demamáh*, usada para indicar a calmaria, vem da raiz DMH, que significa parar, ficar imóvel, emudecer. A *brisa suave* indica algo, uma experiência que de repente faz emudecer, faz a pessoa ficar calada, cria nela um vazio e assim a dispõe para escutar. Esvazia a pessoa para que Deus possa entrar e ocupar o espaço. Ou melhor, Deus entrando provoca o vazio e o silêncio. "Vacare Deo", "esvaziar-se para Deus", interpretavam os primeiros carmelitas.

Deus se fez presente na ausência! A luz apareceu na escuridão! A *voz de calmaria suave* era o silêncio de todas as vozes! Elias descobriu que estava errado. E descobrindo que estava errado, descobriu a coisa certa! A *Brisa Leve* é a noite escura da experiência mística; é o sair de si para se encontrar. Derrubando tudo, ela abriu o espaço para uma nova experiência de Deus que aos poucos foi penetrando na vida de Elias e o levou a redescobrir sua missão na reconstrução da Aliança naquela mesma montanha onde, no Êxodo, tinha sido concluída a primeira Aliança entre Deus e o povo.

Como Moisés, Elias cobriu o rosto (1Rs 19,13). Sinal de que tinha experimentado a presença de Deus exatamente naquilo que parecia ser sua ausência! A escuridão iluminou-se por dentro e a noite ficou mais clara que o dia (Sl 139,12). Silêncio sonoro, música calada, solidão povoada! Deus se fez presente para além de todas as representações e imagens! A nova experiência de Deus abre os olhos de Elias. Não é ele, Elias, que defende a Deus, mas é Deus quem defende Elias. Foi a sua libertação!

2.14. Elias indica o sucessor (1Rs 19,19-21)

Reencontrando-se com Deus, Elias encontrou-se consigo mesmo e com sua missão. Imediatamente ele parte para cumprir a ordem que Deus lhe tinha dado: ungir Eliseu como profeta em seu lugar (1Rs 19,16). Encontrando Eliseu, sem dizer uma só palavra, Elias jogou o manto sobre ele e o chamou para segui-lo (1Rs 19,19).

No Êxodo, Moisés carregava sozinho o peso da liderança. Deus o mandou escolher setenta outros, e todos eles receberam um pouco do Espírito de Moisés (Nm 11,16-17.25). No fim dos quarenta anos, ele recebeu de Deus a ordem para indicar Josué como seu sucessor (Dt 31,3). Moisés chamou-o e, na presença de todo o povo, indicou-o como seu futuro sucessor (Dt 31,7-8).

1 Reis 21: a denúncia e a luta pela justiça

2.15. A injustiça do sistema (1Rs 21,1-16)

A longa descrição da atitude de Acab e Jezabel com relação a Nabot oferece um exemplo concreto de como a monarquia manipulava o poder em vista dos seus próprios interesses. Para roubar e matar, Jezabel invocava o direito do rei, outrora já denunciado por Samuel (1Sm 8,11-18). Ela dizia ao marido Acab que ele parecia ignorar esse direito: "Quem é que é Rei neste país?" (1Rs 21,7). A arbitrariedade do poder absoluto manipulava e corrompia a elite local que, para conseguir seus objetivos, recorria ao perjúrio e assassinato. Essa situação gritante de injustiça provocou a resposta de Deus, que chama Elias para denunciar o rei (1Rs 21,17-18).

Antes do Êxodo, o povo sofria sob as decisões arbitrárias do faraó (Ex 1,10-14.16; 5,6-9). "Os filhos de Israel gemiam sob o peso da escravidão e clamaram, e do fundo da escravidão seu clamor chegou até Deus" (Ex 2,23). Deus escutou o clamor do povo e desceu para libertá-lo (Ex 3,7-8). Deus chamou Moisés para responder ao clamor e libertar o povo (Ex 7,9-10).

2.16. Luta por justiça e identidade (1Rs 21,17-28)

Como Moisés diante do Faraó, Elias comparece diante de Acab no momento exato em que este ia tomar posse da propriedade que Jezabel tinha roubado de Nabot. Sem medo ele enfrenta o rei, denuncia a injustiça cometida e anuncia os males que vão cair sobre a família de Acab e Jezabel como castigo de Deus.

Na sua denúncia Elias se orienta pela Lei de Deus expressa nos Dez Mandamentos revelados a Moisés no Monte Sinai: não roubar, não matar, não cometer falso testemunho, não desejar os bens do próximo. Esse aspecto da denúncia é retomado na carta que o profeta Elias escreve para Jorão, rei de Judá (2Cr 21,12-15).

2 Reis 1: Homem de Deus e do Fogo

2.17. Derrota do opressor pela oração (2Rs 1,1-12)

Ocozias, rei de Israel e filho de Acab, caiu da sacada do seu quarto e ficou gravemente ferido. Mandou um mensageiro consultar o ídolo Baal-Zebub de Acaron para ver se teria cura. O anjo de Yahweh mandou o profeta Elias para junto do mensageiro do rei para fazer a denúncia: "Por acaso não existe Deus em Israel para vocês estarem consultando Baal-Zebub, deus de Acaron?" Como reação o rei mandou um oficial com cinquenta soldados para prender o profeta. Elias estava sentado no alto da Montanha. O oficial gritou: "Homem de Deus, o rei manda você descer!" Elias respondeu: "Se eu sou homem de Deus, que um raio caia e queime você e seus cinquenta soldados!". Foi o que aconteceu, e isso se deu por duas vezes.

No Êxodo, enquanto Moisés estava no alto da Montanha, embaixo na planície o povo se voltava para Baal como o deus que o teria tirado do Egito e que poderia salvá-lo (Ex 32,4). Em outra ocasião Moisés, no alto da Montanha, pela oração consegue a derrota dos inimigos do povo (Ex 17,8-16).

2.18. Defende a vida (2Rs 1,13-18)

O rei mandou um terceiro oficial com cinquenta soldados, mas este teve outra atitude: "Homem de Deus, que a minha vida e a vida destes cinquenta soldados, seus servos, tenha algum valor para você! Caiu um raio e já queimou dois oficiais, cada um com seus cinquenta homens. Mas, agora, que a minha vida tenha algum valor para você!" (2Rs 1,13). O anjo de Yahweh disse a Elias: "Desça com ele e não tenha medo!" (2Rs 1,15). Elias desceu, foi com o oficial até o rei e lhe transmitiu a palavra de Deus dizendo que não havia cura para ele e que haveria de morrer das feridas. Dito e feito!

Preserva a vida de quem respeita sua vida e a vida dos outros. Perde a vida quem não respeita a vida dos outros e só segue as normas do sistema contrário aos interesses de Deus e do povo. Jesus o confirmará mais tarde (Mc 8,35).

2 Reis 2: continuidade da missão

2.19. A última caminhada (2Rs 2,1-8)

Elias e Eliseu partem de Guilgal para Betel, de Betel para Jericó, de Jericó para o Jordão. Enquanto caminham, entram em contato com as comunidades de profetas de Betel e de Jericó. Todos estavam sabendo que havia chegado a hora de Elias ser arrebatado ao céu. Parecia um segredo público (2Rs 2,1.3.5). Elias quer ir sozinho e por três vezes insiste com Eliseu: "Fique aqui porque Javé me mandou ir sozinho!" (2Rs 2,2.4.6). Mas Eliseu não o abandona e por três vezes repete: "Pela vida de Javé e pela vida de você, não deixarei de acompanhá-lo!" (2Rs 2,2.4.6). Chegando à margem do Jordão, Elias tomou o manto, o enrolou, bateu nas águas, que se dividiram em duas partes, e os dois atravessaram o rio sem molhar os pés.

No Êxodo, quando o povo chegou à margem do Mar Vermelho, Deus deu a ordem a Moisés: "Erga a vara, estenda a mão sobre o mar e divida-o pelo meio para que os filhos de Israel possam atravessá-la a pé enxuto" (Ex 14,16). Moisés obedeceu e tudo aconteceu conforme a palavra de Deus. Atravessaram o mar sem molhar os pés (Ex 14,21-22).

2.20. Eliseu se torna o sucessor (2Rs 2,9-15)

Depois da travessia do Jordão, Elias disse a Eliseu: "Peça o que quiser antes de eu ser arrebatado!" (2Rs 2,9), e Eliseu pediu: "Deixe-me como herança uma dupla porção do seu espírito!". Naquele tempo, para dar continuidade à família, o filho mais velho recebia uma dupla porção da herança dos pais (cf. Dt 21,17; 1Tm 5,17; Is 61,7). Eliseu é como o filho mais velho que vai dar continuidade à missão de Elias. De repente, enquanto os dois vão andando, Elias é arrebatado num carro de fogo e desaparece, Eliseu recolhe o manto que tinha caído da mão de Elias, vai até o rio Jordão, bate com o manto na água dizendo: "Onde está Yahweh, o Deus de Elias?". Imediatamente, as águas se separaram e Eliseu, atravessando o rio, entra para a Terra Prometida. Os discípulos, vendo o que aconteceu, exclamam: "O Espírito de Elias repousa sobre Eliseu" (2Rs 2,15). Assim, Eliseu é reconhecido diante de todos e aceito como o sucessor de Elias.

No fim do Êxodo, ao chegar à margem do Jordão, Josué assume a liderança e conduz o povo. As águas se separam, o povo atravessa o rio a pé enxuto e finalmente entra na Terra Prometida (Js 3,14-17).

2.21. Elias não foi encontrado (2Rs 2,16-18)

Um grupo de cinquenta homens valentes se apresentou para procurar o corpo de Elias. Eliseu não queria dar licença, mas eles insistiram e por fim Eliseu permitiu. Eles foram, procuraram durante três dias, mas não encontraram nada. Eliseu confirmou: "Não falei para vocês não irem?" (2Rs 2,18).

No Êxodo, Moisés foi sepultado, mas o sepulcro dele não foi encontrado. "Ninguém sabe onde fica a sepultura de Moisés" (Dt 34,5-6).

As histórias do profeta Elias e a caminhada do Êxodo

Esta longa análise dos seis capítulos mostra como o tema do Êxodo é lembrado e sutilmente evocado nas histórias de Elias. Nem sempre a evocação é explícita. Muita coisa é sugerida nas entrelinhas. Trata-se de evocações, não de argumentos. Elas supõem no leitor ou na leitora um conhecimento geral da história do Êxodo. Na análise que fizemos, colocamos as duas histórias em paralelo, deixando ao leitor a tarefa de apreciar se a evocação do Êxodo tem ou não fundamento. No capítulo 19, porém, a situação do cativeiro e o passado do Êxodo estão tão misturados na releitura das histórias de Elias que não dá para apresentá-los separadamente em paralelo. Para eles, o Êxodo não era um fato do passado, mas uma experiência que os envolvia no hoje deles. Eles procuravam viver em estado permanente de Êxodo ou, como diz o papa Francisco: "Ser uma Igreja em saída" (em Êxodo).

Essa maneira de reler a história de Elias à luz do Êxodo para iluminar o presente angustiante do povo no cativeiro fazia com que os exilados se sentissem envolvidos pela mesma ação libertadora de Deus, que no passado os havia tirado do Egito e levado para a Terra Prometida. Na raiz dessa releitura do passado existe a convicção da fé de que Deus não muda. O mesmo Deus Yahweh, que no passado esteve com o povo no Êxodo, continua com ele no cativeiro da Babilônia. Assim fazia crescer neles a fé, a esperança e o compromisso com as cláusulas da Aliança.

3. Ponto de chegada: novo horizonte

O ponto de chegada continua em aberto

O ponto de partida da caminhada era claro, tanto na época de Elias como na época do cativeiro. Era a situação de morte e de injustiça, de fome e de perseguição. Claro também era o chamado de Deus: "Vai! Saia desta situação!". Elias deve sair, entrar na oposição e realizar uma transformação dentro de si e dentro da convivência do povo. Claro também é o primeiro passo e a longa caminhada: esconder-se no Carit, provocar e praticar a partilha, defender a vida sobretudo dos pobres, da viúva e do filho da viúva, e caminhar sem parar...

O que não está claro neste novo Êxodo de Elias é o ponto de chegada, pois a história de Elias ainda não terminou. A última notícia é de que ele, como de costume (cf. 1Rs 18,12), tinha sido arrebatado. Desapareceu (2Rs 2,11) e, por mais que os cinquenta homens o procurassem, nunca mais foi encontrado (2Rs 2,16-18). Para onde foi? Vai voltar? Para onde nos conduz o caminho de Elias?

As histórias de Elias não apresentam um projeto pronto a ser implantado, mas indicam um caminho a ser percorrido na fé, na fidelidade e na criatividade. Caminho que vai aparecendo só aos poucos, na medida em que Elias se põe a caminhar! O ponto de chegada continua em aberto, não está predeterminado. Caminhando, Elias não vê tudo claro, não sabe tudo o que deve fazer, não tem visão total de todo o projeto de Deus. Ele só vê até à próxima curva. Muitas vezes não sabe como nem para onde andar. Só enxerga um passo na frente. O resto é neblina, deserto, noite. A palavra só se faz clara na medida em que ele tem a coragem de praticá-la. Elias é o *homem do provisório*. Eis alguns aspectos desse provisório que caracteriza o caminhar de Elias:

Viver no provisório até o fim

1. O primeiro chamado de Deus o envia até Carit. Elias obedece e vai até Carit, mas sem saber que depois deve ir até Sarepta. Estando em Carit, sob a pressão da fome e da sede, a palavra se torna mais clara e ele vai até Sarepta (1Rs 17,1-10).

2. Estando em Sarepta, ele sabe convencer a viúva de que a partilha pode garantir a vida da família (1Rs 17,10-16), mas não sabe prever a doença e a morte do menino (1Rs 17,17). Quando se vê confrontado com a morte

ele descobre que, com a ajuda de Deus, pode fazer prevalecer a vida sobre a morte (1Rs 17,18-23).

3. Reunido no Monte Carmelo com todos os filhos de Israel, Elias interpela o povo a não seguir dois deuses ao mesmo tempo: Baal e Yahweh. Mas o povo não lhe dá resposta (1Rs 18,21). Parece negar-lhe o direito de fazer tal advertência. O silêncio do povo leva-o a fazer a nova proposta do desafio, que foi aceito pelo povo (1Rs 18,22-24).

4. Depois disso, ainda estando no Monte Carmelo, ele manda o empregado subir sete vezes (1Rs 18,43). É só na sétima vez, quando aparece uma nuvenzinha no céu, que o profeta percebe o alcance do momento e começa a distribuir ordens (1Rs 18,44-46).

5. Elias vai para o deserto, desanimado. Come, dorme e quer morrer (1Rs 19,1-4). O anjo tem que acordá-lo duas vezes para ele perceber que Deus está querendo alimentá-lo para a caminhada (1Rs 19,5-7). Na força da comida ele anda quarenta dias e quarenta noites, mas sem saber a solução para o seu problema (1Rs 19,8).

6. Estando no monte Horeb, mesmo depois de perceber a *Brisa Leve*, Elias continua com o pensamento antigo, pois repete a mesma análise e a mesma queixa (1Rs 19,14) que tinha feita antes (1Rs 19,10). Em Elias a mudança só se faz aos poucos, lentamente.

7. No fim ele recebe uma tríplice missão: ungir Hazael, ungir Jeú e ungir Eliseu (1Rs 19,15-16), mas ele mesmo só executa uma terça parte desta missão, a saber, ungir Eliseu (1Rs 19,19-21).

8. Elias está convencido de que deve ir só até Betel (2Rs 2,2). Mas, estando em Betel, descobre que deve ir até

Jericó (2Rs 2,4). E chegando em Jericó, descobre que deve ir até o Jordão (2Rs 2,6). E quando finalmente alcança o Jordão, ele deve ir mais longe (2Rs 2,7-8).

O importante em tudo isto é que o caminho só aparece ao se caminhar nele. A luz se faz é na travessia! Elias é como Jesus que, a cada momento, faz aquilo que o Pai lhe mostra para fazer (cf. Jo 5,30; 8,28). Na medida em que obedece e anda, ele vai descobrindo o que Deus pede. Descobre aos poucos sua própria missão, sua própria identidade. Sua fidelidade, às vezes cega e muda, vai gerando luz para perceber a Palavra que o chama.

O começo de um processo de transformação

A caminhada de fidelidade à Palavra de Deus vai gerando um processo de transformação na vida do próprio Elias, na vida do povo daquele tempo, na vida dos exilados, na vida das gerações que vieram depois e na vida dos carmelitas que até hoje nele se inspiram.

Na vida do próprio Elias

A experiência de Deus na *Brisa Leve* produziu uma mudança radical na vida de Elias. Destacamos três aspectos:

1. Elias experimenta que Deus é livre! Deus não obedece a Elias. Deus não se manifestou na tempestade, nem no raio, nem no tremor da terra; não se sente obrigado a obedecer aos critérios que a Tradição havia estabelecido para o povo poder reconhecer sua presença divina na vida. Essa liberdade é a raiz da *nossa* liberdade e

da nossa libertação. Deus não pode ser usado por ninguém, nem pelos profetas de Baal nem pelo profeta Elias. Deus é livre!

2. Elias pensava que fosse o único a defender a causa de Deus (1Rs 19,10.14). Mas ele experimenta que Deus não depende da sua defesa! Apesar dos altares destruídos, da aliança quebrada e dos profetas assassinados, a causa divina não estava perdida. Pelo contrário! Não é Elias quem defende a Deus, mas é Deus quem acolhe, sustenta e defende o pobre do Elias! É a partir dessa certeza que renasce a coragem no profeta. Ele reencontra o sentido da sua vida e luta.

3. Desse modo, Elias experimenta a total gratuidade da presença de Deus em sua vida. Deus se fez presente na *Brisa Leve* não por mérito de Elias. Pelo contrário! Elias experimentou a presença libertadora e restauradora de Deus no momento exato em que experimentava o seu próprio vazio e a sua falta absoluta de qualquer título de glória. Deixou Deus ser Deus!

Essa experiência desestabilizadora e revolucionária de Deus renova por dentro a vida de Elias: dá olhos novos, abre um novo horizonte e devolve a ele a liberdade de ação, a vitória sobre o medo, a certeza de si, a vontade de continuar a luta pela causa de Deus em defesa da vida do povo, e dá a ele, ao mesmo tempo, a consciência clara de não ser o dono da luta nem o único a defender a causa de Deus.

Na vida do povo do tempo de Elias

Orientado pelo testemunho e pela ação de Elias, o povo abandonou o caminho errado e refez a aliança com Deus (1Rs 18,39-40); o rei se arrependeu e se converteu (1Rs 21,27-29); as instituições se reconciliaram, pois o rei participou do banquete sagrado de comunhão no Monte Carmelo (1Rs 18,41); a profecia e a monarquia abandonaram o confronto direto (1Rs 18,46); a injustiça foi denunciada e castigada (1Rs 21,17-24); os militares reconheceram que a vida é mais importante que as ordens do rei (2Rs 1,13-14); Elias redescobriu e retomou sua missão (1Rs 18,15-18).

Porém a transformação da sociedade foi provisória. Não durou muito. Humanamente falando, não teve muito efeito. Elias queria converter o rei. Conseguiu uma conversão momentânea e uma momentânea reconciliação (1Rs 18,41.44-46). Mas não conseguiu a conversão da monarquia. A monarquia foi mais forte que a boa vontade do monarca e, no fim, levou o povo à ruína total do exílio, do cativeiro.

Na vida dos exilados

As histórias de Elias foram conservadas e relembradas pelo povo no cativeiro, que vivia numa situação semelhante de abandono, frustração e confusão. Os exilados sabiam que deviam caminhar, mas não sabiam como nem por onde pois, como Elias, não eram capazes de analisar com objetividade a situação e descobrir o culpado. Não conheciam a causa que levou à destruição e ao exílio. As histórias de Elias os ajudavam a analisar melhor a situação em que se encontravam e a ter uma consciência mais crítica para não se deixar iludir pela propaganda da monarquia que, apresentando-se como divina, havia enganado o povo.

As histórias de Elias ajudavam os exilados a não se deixar enganar pela atração sedutora dos grandes ídolos da Babilônia que se apresentavam como protetores e defensores do povo. Como Elias resistiu contra Baal, assim deviam resistir contra os ídolos da Babilônia. Em vez de se deixar levar pela propaganda do sistema, eram convocados a despertar a memória e a olhar a própria história tanto de Elias como do Êxodo para encontrar nela uma pista de como refazer a história e iniciar um novo êxodo.

Na vida das gerações posteriores

Mesmo depois do cativeiro da Babilônia, a figura do profeta Elias continuou provocando a imaginação do povo de Deus, sobretudo em torno de dois assuntos básicos: (1) A relação obediente de Elias com a Palavra de Deus: "Então surgiu o profeta Elias como um fogo, e sua palavra queimava como uma tocha" (Sr 48,1). (2) A esperança do retorno de Elias no fim dos tempos para restaurar a vida familiar e comunitária: "Eis que eu vos enviarei o profeta Elias antes que venha o grande e terrível Dia do Senhor; ele converterá o coração dos pais aos filhos e o coração dos filhos a seus pais, para que eu não venha e fira a terra com maldição" (Ml 3,21-22; Sr 48,10). Essa mesma esperança do retorno de Elias é retomada nos evangelhos, onde se afirma que João Batista caminhará na frente do Senhor no espírito de Elias para "reconduzir o coração dos pais para os filhos e dos filhos para os pais" (Lc 1,17). Jesus disse: "De fato, todos os Profetas e a Lei profetizaram até João. E se vocês o quiserem aceitar, João é Elias que devia vir. Quem tem ouvidos, ouça" (Mt 11,13-15). Numa palavra, o povo esperava de Elias a reconstrução da vida comunitária, nascida da fidelidade à Palavra de Deus.

Além desses dois, há vários outros aspectos da vida do profeta Elias que são apreciados em vários livros do Novo Testamento.

* Para o apóstolo Paulo, Elias é o homem que denuncia a infidelidade (Rm 11,2-4).
* A carta de Tiago resume a vida de Elias como homem da oração (Tg 5,17-18).
* No Apocalipse, ele é o homem do testemunho até à morte (Ap 11,3.5.6).
* Na Transfiguração, ele aparece como síntese da profecia (Lc 9,30).

Na tradição posterior reaparecem ainda outros aspectos:

* Na devoção popular do Oriente Médio, Elias é invocado como o santo dos impossíveis.
* Na tradição rabínica, ele aparece como o homem do deserto.
* Nos escritos dos Padres da Igreja, ele é o modelo para a vida religiosa e eremítica.
* Chegaram a chamá-lo "o abade de todos os religiosos".
* Frequentemente ele aparece associado ao Monte Carmelo.

* A tradição carmelitana acentua nele o homem do Caminho.

A pobre viúva de Sarepta fez o resumo mais bonito:
> Agora sei que você é um homem de Deus e que a Palavra de Deus habita em você (1Rs 17,24).

Capítulo 2
Meditação bíblica pós-pandemia

Frei Rivaldave Paz Torquato

Introdução

Surpreendidos pela pandemia da Covid-19, que assolou o mundo, fomos assaltados pela inquietude existencial e teológica além de tantas outras, sociais, políticas e econômicas. Regras sanitárias impuseram o toque de recolher a ponto de suprimir as práticas litúrgicas presenciais ou reduzi-las drasticamente. Perduraram as máscaras, os agendamentos, os números limitados de participantes nos cultos e celebrações nas igrejas e em outros locais, sem falar no número de pessoas infectadas e mortas, funerais e lutos mal realizados. A manipulação de informações, o ceticismo quanto às vacinas e o oportunismo político foram pragas que agravaram ainda mais o sofrimento do povo.

Não raro, em situações de crises graves como esta, tem-se a impressão de que Deus se esconde, foge, desaparece, deixando atrás de si o caos, a catástrofe e a morte. O navio da história parece estar à deriva. Deus se limitaria a se manifestar nas formas ordinárias de expressão da fé? Onde e como encontrá-lo? Na ausência da mãe, a criança chora. E na ausência de Deus?

O rastro dramático de ruína, morte e dor despertava a sensação de ausência de Deus, e até mesmo era visto como sinal de sua não existência, e, para agravar a situação, as práticas litúrgicas que ajudavam a desafogar as mágoas e a encontrar um alento foram limitadas. De qualquer forma restava, mesmo à pessoa de fé, a sensação de impotência, insegurança e vazio e o pranto.

Trata-se de uma situação existencial para a qual não há solução mágica. No entanto, tampouco há motivo para nos resignarmos a ela. Antes, deve ser um desafio para continuarmos a perscrutar sinais de luz que nos ajudem a reagir, de cabeça erguida, a tais dramas. Não estaria nisso tudo um dos *sinais dos tempos* que instiga a deslocar o olhar para além das formas e lugares convencionais de encontro com Deus? Nessa perspectiva, em que a Bíblia pode nos ajudar?

Abordaremos essas inquietudes a partir da ótica bíblica. Todavia, não apresentaremos os textos de forma exegética, mas meditativa, espiritual-pastoral.

1. Deus fala

No primeiro livro bíblico, no primeiro relato da criação, o narrador afirma "Deus disse", apresenta o conteúdo "haja luz" e em seguida constata "e houve luz" (Gn 1,3). Deus fala e o que ele fala acontece. Sua palavra torna-se evento. O texto mostra a eficácia da palavra divina capaz de criar algo novo, de gerar ordem no caos. Esse esquema se repete a cada dia da criação, quase como um refrão[1].

---

1. Deus *fala* (Gn 1,3a.6a.9a.11a.14a.20a.24a.26a.28a.29a; Sl 33,9a). O que ele fala *acontece* (Gn 1,3b.6b.9b.11b.15b.20b.24b.30b; Sl 33,9).

Ora, no livro do Gênesis, "Deus *fala*" justamente no período de maior silêncio de Deus na vida do povo: o exílio[2], a pior e mais escura noite para Israel. Que significa tal fato para aquele que crê? Não sugere que Deus fala também quando não diz nada? Que seu silêncio é eloquente? Que o falar não se reduz a palavras?

Por um lado, essa experiência do exílio motiva-nos a buscar na palavra divina a luz para nosso ocaso. Por outro, nos desafia a ouvir o que Deus fala em seu atual e aparente silêncio. Dito de outra forma, a experiência do exílio nos incentiva a procurar na sua *Palavra* a chave para entender seu *Silêncio*, uma luz para a noite escura que estamos atravessando. Elencaremos algumas cenas bíblicas que nos ajudam nesse propósito.

2. Deus se oculta e surpreende

Em várias situações sombrias da vida Deus parece ocultar a sua face e, no entanto, nos surpreende. Eis alguns exemplos!

Assim, tudo ele *fez* = '*āśāh* (Gn 1,7a.16a.25a.26a.31a; 2,2a.3b.4b; Sl 33,6a) e viu que *era bom* (Gn 1,4a.10b.12b.18b.21b.25b.31a). Falar e fazer se confundem! João sintetiza tudo, dizendo que "pela palavra tudo foi feito" (Jo 1,3), ou seja, a *palavra* divina *faz*!

2. Por volta de 597 a.C., Nabucodonosor, rei de Babilônia, sitiou Jerusalém, então capital da Judeia, e a tomou substituindo o rei Joaquin pelo seu tio Sedecias (2Rs 24,17) e deportando parte da população para Babilônia (2Rs 24,14-16). O saque e a ruína da cidade santa, Jerusalém, assim como a segunda deportação, a mais importante, ocorrem em 587 a.C. O exílio se estenderá até 538 a.C., quando Ciro, rei da Pérsia, derrotará os babilônicos e autorizará o retorno dos israelitas. Sobre isso veja, sobretudo, 2 Reis 24-25; Jeremias 52 e o Livro das Lamentações.

2.1. Na fuga

Agar, a egípcia, quando se viu grávida de Abraão (Gn 16), começou a desprezar Sara, sua senhora (vv. 4-5). Sara resolveu revidar e "a maltratou de tal modo que ela fugiu de sua presença" (v. 6b). Agar foi encontrada *no deserto* (v. 7) pelo anjo do Senhor que a interpelou quanto às suas andanças e ela respondeu: "fujo da presença de minha senhora Sarai" (v. 8). O anjo lhe disse para voltar e acrescentou: "estás grávida e darás à luz um filho, e tu lhe darás o nome de Ismael, pois o Senhor ouviu tua aflição" (v. 11). Ora, em hebraico Ismael significa *"Deus ouve* (ou *ouvirá)"*. O próprio versículo explica: "pois o Senhor *ouviu* tua aflição". Curiosamente o texto não diz em qualquer momento que Agar tenha se dirigido a Deus e expressado qualquer súplica. Ela estava empreendendo uma fuga, aflita, no deserto e em plena gravidez. Uma mulher escrava e estrangeira (v. 3)! Mas o texto afirma que Deus *ouviu sua aflição*. E Agar nomeou Deus como "Tu és El-Roi", isto é, "Tu és o Deus que me vê" (v. 13). Como observa o biblista Vogels: "Agar é a única pessoa na Bíblia a dar um nome a Deus" (VOGELS, 2000, p. 104). E um nome que o qualifica. A cena deixa claro que Deus não só vê o drama humano, mas também acolhe a súplica não verbalizada, não expressa e, talvez, nem mesmo intencionada. Tampouco distingue pessoa, sexo, *status*, raça ou credo.

Esaú, tendo a bênção roubada pelo irmão Jacó, decide vingar-se, matando-o (Gn 27,41). A mãe informa Jacó e ordena: "*foge* (*bāraḥ*) para junto de meu irmão Labão, em Harã" (v. 43). Jacó partiu (Gn 28,5.10). Ao chegar a certo lugar para passar a noite teve um sonho e nele uma experiência de Deus. O Senhor lhe confirma as promessas já feitas a Abraão: terra, descendência, bênção e estar com ele (Gn 28,11-15). Jacó descreve surpreso sua experiência: "na verdade, o Senhor está neste lugar e eu não sabia!" (Gn 28,16). Outra vez a experiência de Deus não ocorre no espaço e no tempo sagrado, mas na fuga, em meio a apuros.

Moisés, impactado pela opressão de seus irmãos, ao ver um egípcio ferir um hebreu, matou o egípcio (Ex 2,11-12). O fato torna-se conhecido. O faraó procura matá-lo, entretanto Moisés empreende uma *fuga* para Madiã (Ex 2,14-15). Foragido, "apascentava Moisés o rebanho de Jetro, seu sogro, sacerdote de Madiã. Conduziu as ovelhas para além do deserto e chegou ao Horeb, a montanha de Deus. O Anjo do Senhor lhe apareceu numa chama de fogo, do meio de uma sarça" (Ex 3,1-2). Moisés foi surpreendido por Deus em pleno trabalho, não num ato litúrgico ou no templo. O extraordinário de Deus despontou na fuga e no trabalho daquele que seria o libertador do povo.

Agar, Jacó e Moisés prefiguram de certo modo a experiência de Deus fundante e paradigmática de Israel, feita não no templo nem no culto, mas na *fuga* do Egito, no êxodo[3]. Na Bíblia, Agar é a primeira pessoa que faz a experiência de Deus *no deserto* (Gn 16,7) e Moisés, a segunda (Ex 3,1).

Elias eliminou os falsos profetas (1Rs 18,40) e isto lhe custou ser perseguido e condenado à morte por parte

---

3. Aos quatro sujeitos aplica-se o mesmo verbo *bāraḥ* = *fugir*: a Agar (Gn 16,6b.8), a Jacó (Gn 27,43), a Moisés (Ex 2,15) e a Israel (Ex 14,5).

da rainha Jezabel (1Rs 19,2). "Vendo isso, Elias levantou-se e partiu para salvar a vida" (v. 3). No deserto pediu a morte (v. 4). Apareceu-lhe um anjo do Senhor que não lhe assegurou o fim da perseguição, mas o assistiu e avisou-lhe que "o caminho te será longo demais" (vv. 5.7). O profeta se dirigiu ao monte Horeb e se escondeu numa gruta onde passou a noite (vv. 8-9). Deus veio ao seu encontro, não pelas vias convencionais (o furacão, o terremoto e o fogo), mas numa brisa leve (vv. 11-13), isto é, de um jeito novo. O profeta não perdeu a ocasião. Isso mostra que as formas convencionais de manifestação de Deus não são absolutas (ou colocaríamos Deus numa camisa de força). A narrativa é clara em mostrar que Elias faz a experiência de Deus não no templo ou numa liturgia, mas na *fuga*, no medo, no deserto, na noite escura. A surpresa de Deus desperta o profeta.

Não raro a outra face da fuga consiste na perseguição. Mesmo o perseguidor pode ser surpreendido por Deus enquanto persegue. Foi o caso de Paulo (At 9,1-9). Ora, isso não aconteceu em um ato de culto.

2.2. Na expulsão

Voltemos a Agar! Sara disse a Abraão: "expulsa (*gāraš*) esta serva e seu filho, para que o filho desta serva não seja herdeiro com meu filho Isaac" (Gn 21,10)[4]. Abraão, para agradar Sara, "levantou-se cedo, tomou pão e um odre de água que deu a Agar; colocou-lhe a criança sobre os ombros e depois a mandou embora (*šālaḥ*). Agar

---

4. *Gāraš* = *expulsar* é o mesmo verbo aplicado a Adão (Gn 3,24) e a Caim (Gn 4,14).

sai andando errante pelo deserto de Bersabeia" (v. 14). Terminadas as provisões, Agar diz a si mesma: "'não quero ver morrer a criança!' Ela *ergueu a voz e chorou*" (vv. 15-16). No desalento o inesperado ocorre: "Deus *ouviu a voz* do menino", a animou (v. 17) e fez-lhe uma promessa (v. 18). Primeiro, quem *ergue a voz* é a mãe e Deus ouve a *voz* do menino, isto é, joga-se com a palavra "Ismael", que significa *Deus ouve*. Segundo, não existe aqui qualquer rito ou liturgia, qualquer oração verbalizada, não estamos num espaço sagrado. No entanto, Deus surpreende outra vez e toma o *choro* como oração. O texto diz ainda que Deus abriu os olhos de Agar e ela viu um poço (*bǝ'ēr*), encheu o odre e deu de beber ao menino (v. 19), isto é, abriu-lhe um horizonte, abriu-lhe uma saída no beco. O narrador conclui dizendo: "Deus esteve com ele…" (v. 20)[5].

Mais uma vez Agar parece prefigurar a sorte de Moisés e do povo, também expulsos e assistidos por Deus. As ações básicas de Sara e de Abraão contra Agar aparecem na boca de Deus referindo-se às ações do faraó contra Moisés e seu povo: *"os fará partir* (*šālaḥ*) e […] *os expulsará* (*gāraš*) *do seu país!"* (Ex 6,1)[6].

---

5. Como não lembrar de Israel, o filho primogênito do Senhor (Ex 4,22-23), quando murmurava por água em Mara, na direção do deserto de Sur (Ex 15,22-27) e como Deus o assiste providencialmente (Ex 17,1-7)? Ora, no deserto, perto da fonte no caminho de Sur, era justamente onde se encontrava Agar na primeira experiência que teve de Deus (Gn 16,7).

6. O mesmo ocorre em Êxodo 11,1. Em ambos os casos, as ações aparecem na forma *quiástica* em relação ao evento do Gênesis. Quanto ao verbo *gāraš* = *expulsar*, como ação de faraó contra Moisés e o povo, aparece ainda em Êxodo 10,11; 12,39.

2.3. No conflito familiar

José do Egito, aos dezessete anos, denunciou os irmãos (Gn 37,2) e, além de ser o filho predileto (vv. 3-4), teve sonhos que foram entendidos como expressão de um desejo de superioridade por parte dos pais e irmãos (vv. 5-10). Esses elementos desencadearam o ciúme (v. 11) e o ódio dos irmãos a tal ponto que não podiam mais se falar amigavelmente (v. 4). O ódio se inflamou (vv. 4.5b.8b) e os irmãos tomaram uma decisão radical: "vamos matá-lo e jogá-la numa cisterna qualquer" (v. 19). Em seguida, "arremessaram-se contra ele e o lançaram na cisterna. Era uma cisterna vazia, onde não havia água" (v. 24). Depois mudaram de ideia e terminaram por vender José aos mercadores (vv. 27-28) e assim ele foi levado ao Egito (v. 38). Mais tarde os irmãos confessaram: "vimos a sua aflição quando ele nos pedia graça e não o ouvimos" (42,21). O próprio José se refere ao Egito como "terra de sua aflição" (Gn 41,52). Desse drama familiar e humano emerge outra vez a pergunta: onde estava Deus? Deus não impediu o conflito, não impediu que os irmãos jogassem José na cisterna, não impediu a venda, não impediu a ida para o Egito, não impediu que lá se tornasse escravo. Nada fez! Parecia ser um Deus inerte que nunca chega e, quando chega, vem sempre atrasado. Por outro lado, o texto não registra qualquer expressão religiosa de José. Não há aparição de Deus ou de anjo a José, não há qualquer súplica ou rito da parte dele. A cisterna não é espaço sagrado, não ocorre milagre, nada sensacional. O José da cisterna é um homem em silêncio ou silenciado. O narrador não lhe dá mais a palavra até a prisão no Egito, nem mesmo para se dirigir a Deus. Todavia o livro da Sabedoria retoma esse episódio e afirma que a sabedoria divina, Deus, em seu atributo, "não abandonou o justo vendido, mas [...] desceu com ele à cisterna" (Sb 10,13-14). Mais tarde, como escravo na casa de Putifar, tudo quanto fazia prosperava "porque Deus estava com ele" (Gn 38,2-3). Essa leitura é reafirmada no discurso de Estêvão, que diz: "os patriarcas, invejosos de José, venderam-no para o Egito. Mas Deus estava com ele" (At 7,9). Portanto, Deus não poupa a aflição a José, mas o assiste. A cisterna não é só lugar do sofrimento, mas também da assistência inefável de Deus. A narrativa deixa transparecer o jeito misterioso do agir divino. Quando parece que não vem em auxílio do ser humano, ele já está lá, pois não espera a verbalização da súplica. Nossos olhos não estão treinados para perceber isso em nosso dia a dia. O autor do livro da Sabedoria, séculos depois, percebeu a presença de Deus na cisterna com aquela pessoa vendida[7].

Essa sapiência tornou-se proverbial no Antigo Testamento: "beba cada um da água da sua própria cisterna!"[8]. Dito de outro modo: esteja atento para perceber Deus no próprio sofrimento, na própria insegurança, na própria noite escura. Ora, olhando mais profundo, o que fez Jesus em sua encarnação senão descer à cisterna humana?

---

7. Cf. nosso artigo: TORQUATO, Rivadalve Paz. "Desceu com ele à cisterna..." (Sb 10,14): Uma abordagem sobre José do Egito na perspectiva do sofrimento e da sapiência. In: *Revista Convergência*. Brasília, ano XLIX, n. 475, p. 593-607, out. 2014.

8. Cf. 2 Reis 18,31; Isaías 36,16; Provérbios 5,15.

2.4. No trabalho

No contexto de sofrimento imposto aos israelitas pelos madianitas (Jz 6,1-7), o anjo do Senhor apareceu a Gedeão, que "estava malhando o trigo no lagar" (v. 11), e lhe disse: "o Senhor esteja contigo, valente guerreiro!", e Gedeão lhe respondeu: "se o Senhor está conosco, donde vem tudo quanto nos está acontecendo?" (Jz 6,12-13). Esse valente guerreiro se sentiu abandonado por Deus (v. 13b). O ceticismo de Gedeão, existencial e humano, é atual. Como crer em algo que a realidade parece negar? Gedeão em seguida dialogou com Deus (vv. 14-23) e pediu-lhe uma prova (vv. 36-40). O narrador não esquece de sublinhar que era noite (vv. 25.40)! Mas Gedeão foi amadurecendo e, de cético, tornou-se enviado e sinal da presença deste mesmo Deus para o seu povo, que venceu os madianitas (Jz 8,22).

A manifestação do anjo a Gedeão se efetua em seu trabalho. Não se tratava de um ato litúrgico. Quanto à resposta de Gedeão, pode ser também a nossa, bem como a resposta de qualquer crente na noite escura.

Enquadra-se aqui ainda a manifestação do anjo a Moisés. Ele também estava trabalhando, apascentava o rebanho do sogro (Ex 3,1-4). No trabalho Deus o surpreende, chama-o e se revela a ele. O espaço é santo (v. 5b)! Todavia não se trata de ato litúrgico-cultual.

Outro exemplo ocorre por ocasião do nascimento de Jesus. Durante as vigílias da noite, enquanto os pastores montavam guarda do rebanho, o Anjo do Senhor apareceu-lhes anunciando uma grande alegria: o nascimento do Salvador (Lc 2,8-11). O mesmo ocorre, mais tarde, nas cenas vocacionais da maioria dos discípulos de Jesus. Enquanto o habitual era que o discípulo procurasse um rabi que o acolhesse, Jesus surpreende-os e os precede. De forma soberana escolhe os seus em seus trabalhos corriqueiros. Trata-se de um encontro pessoal com o mestre, que reorienta completamente a vida do discípulo[9].

O quarto Evangelho (da Bíblia) relata o seguinte episódio: Jesus "chegou a uma cidade da Samaria chamada Sicar..., sentou-se junto à fonte... Uma mulher da Samaria chegou para tirar água. Jesus disse: Dá-me de beber!" (Jo 4,5-7). Era o poço de Jacó (v. 12). Tirar água do poço para as necessidades da casa, da família e dos animais era um trabalho da esfera feminina[10]. Essa samaritana não foi para o culto, mas para seu trabalho cotidiano e nele foi precedida e surpreendida por Jesus, e esse encontro mudou o rumo de sua vida. Ao perguntar a Jesus sobre o justo lugar de adoração, recebe uma instigante resposta:

> Crê, mulher, vem a hora em que nem sobre esta montanha nem em Jerusalém adorareis o Pai. [...] Mas vem a hora – e é agora – em que os verdadeiros adoradores adorarão o Pai em espírito e verdade, pois tais são os adoradores que o Pai procura (Jo 4,21.23).

E quando a mulher fala a respeito da vinda do Messias, Jesus lhe responde: "sou eu que falo contigo" (vv. 25-26). Ela se torna a primeira pessoa a quem Jesus se revela abertamente no quarto Evangelho.

---

9. Por exemplo: Marcos 1,16-18.19-20; 2,14; João 21.
10. Cf. Gênesis 24,10-21; 29,1-14; Êxodo 2,16-22.

2.5. No luto

Numa cidade chamada Naim, Jesus, "ao se aproximar da porta da cidade, coincidiu que levavam a enterrar um morto, filho único de mãe viúva; e grande multidão da cidade estava com ela. O Senhor, ao vê-la, suas entranhas se comoveram e disse-lhe: Não chores!" (Lc 7,12-13). Ele despertou o jovem e o entregou vivo à mãe (vv. 14-15). Em nenhum momento da cena aquela mulher abriu a boca, exceto para chorar. Estava tomada pela dor e por sua esperança morta. Aliás, um elemento característico do gênero de milagre de curas, na qual o caso se enquadra, consiste na súplica do(s) interessado(s). Elemento completamente ausente na cena. Mas o drama da mãe que chora toca Jesus, que se adianta e o acolhe como prece não verbalizada, como súplica muda. O *choro*, como clamor mudo e silencioso, é visto e ouvido por Jesus.

2.6. Na tempestade

O personagem Jó passa por um grande tormento. Seus amigos vão visitá-lo "para compartilhar sua dor e consolá-lo. Quando levantaram os olhos, não o reconheceram mais [...] vendo como era atroz seu sofrimento" (Jó 2,11.13). Jó segue debatendo com seus amigos e com seu sofrimento, enquanto Deus simplesmente silencia. Jó diz: "oxalá soubesse como encontrá-lo, como chegar à sua morada" (Jó 23,3), ou seja, se reconhece num processo de busca. Finalmente o texto diz: "o Senhor respondeu a Jó, do seio da tempestade" (Jó 38,1; 40,6). Ora, a tempestade constitui-se num elemento literário típico das teofanias[11]. No entanto, considerando a turbulência na vida de Jó, trata-se aqui de um mero elemento literário ou, para além disso, uma estupenda afirmação de que Deus realmente surpreende e fala também nas tempestades da vida? Entretanto Jó encontra a paz. O profeta Naum, referindo-se a Deus, afirma: "na tormenta e na tempestade é o seu caminho" (Na 1,3).

2.7. No sono

Gênesis 28,11-16 narra o caso de Jacó, que fez uma experiência de Deus enquanto dormia. Recordamos que ele empreendia fuga (Gn 27,41-43) quando chega num certo lugar e, tendo o sol se posto, resolve passar ali a noite. Faz de uma pedra um travesseiro e dorme (Gn 28,11). Em sonho, Deus se apresenta como o Deus dos pais e faz-lhe a grande promessa: terá terra, descendência, bênção e Deus estará com ele (Gn 28,13-15) e orientará a vida do patriarca. Jacó se surpreende que Deus esteja ali, certamente por não ser um espaço sagrado (Gn 28,16) e por ser o tempo do sono.

José, diante do dilema causado pela gravidez inesperada de sua já prometida Maria, resolveu repudiá-la (Mt 1,18-19). O evangelista relata: "enquanto assim decidia, eis que o Anjo do Senhor manifestou-se a ele em sonho..." (Mt 1,20). Mais tarde, quando Herodes procura o menino para o matar, a experiência se repete "em sonho" e José consegue salvar o filho (Mt 2,13-14). Quando

---

11. Cf. Êxodo 19,16; Salmos 50,3; Ezequiel 1,4; Naum 1,3.

Herodes morre, o Anjo do Senhor volta a avisar José "em sonho" (Mt 2,19-20).

São situações de grandes provações, dirimidas a partir da experiência de Deus feita não em espaço ou tempo sagrados, mas no sono. Enquanto sonhamos, Ele não cochila nem dorme (Sl 121,4)!

2.8. No desânimo

Na cena dos discípulos de Emaús, Jesus ressuscitado fez todo o percurso com eles sem ser reconhecido (Lc 24,1-29). Por que será que Cristo não disse de uma vez quem ele era, para acabar com o drama? Prefere estar com eles, inteirar-se do drama, ouvi-los, caminhar com eles... Sua atitude ajuda-os aos poucos a reorientar o foco do ato passado para o presente-futuro, de modo a processar a frustração. Transparece aí a pedagogia do Mestre Jesus. Desse modo, o texto deixa claro que o Cristo ressuscitado, não reconhecido, não é o mesmo que um Cristo morto. O Cristo não percebido não significa um Cristo ausente.

2.9. Na busca

No texto joanino, Madalena foi ao túmulo de madrugada para trabalhar seu luto, movida por uma ausência que doía. Restava-lhe a esperança de, ao menos, estar próxima dos resquícios da presença do mestre: o corpo. Não o encontra e entende que fora roubado dali (Jo 20,1-2). O discípulo amado foi à tumba, encontrou-a vazia, e o evangelista atesta que "ele viu e creu" (v. 8). Ora, além das faixas de linho por terra (v. 5), viu o quê? Nada. Eis o desafio da fé: ver a presença do ressuscitado na aparente ausência, no vazio. Em seguida, Madalena encontrou Jesus ressuscitado e pensou que fosse o jardineiro (v. 15). Outra vez, como em Emaús, não reconhecer *Aquele que vive* nas madrugadas da vida não significa que ele esteja morto ou ausente.

2.10. Em casa

Cornélio era um homem temente a Deus, que dava esmolas e orava constantemente (At 10,1-2). Teve uma visão "cerca da nona hora do dia" (At 10,3a), quando orava (v. 30). Um tempo sagrado! A *hora nona* seria o momento em que se fazia a oferenda sacrifical vespertina no templo de Jerusalém (Ex 29,39-42)[12]. O espaço, contudo, era sua própria casa. "O Anjo do Senhor, entrando em sua casa e chamando-o, 'Cornélio!' [...], lhe disse: 'tuas orações e tuas esmolas subiram até a presença de Deus e ele se lembrou de ti'" (At 10,3b-4). Ora, Cornélio e sua casa eram pagãos (At 10,47-48).

Pedro sobe ao terraço da casa, por volta da hora sexta, para orar. Entra em êxtase e tem também uma visão (At 10,9-15) que se revelará, mais tarde, de extrema importância para a inclusão dos pagãos na Igreja (At 10,17–11,30).

2.11. Na prisão

O rei Herodes, visando perseguir alguns membros da Igreja, mandou prender Pedro (At 12,1-4). Já noite, Pedro dormia na prisão quando foi surpreendido pelo Anjo

---

12. Cf. Esdras 9,5a; Judite 9,1; Lucas 1,8-10; Atos 3,1.

do Senhor (vv. 6-7). Era ocasião da Páscoa (v. 4b). Pedro, porém, não estava num ato litúrgico nem em um espaço sagrado. No entanto, o Anjo o faz viver uma experiência análoga àquela da noite do êxodo (Ex 12,11-12a), libertando-o da prisão (At 12,8-11). Deus se manifesta onde e quando não se espera.

O(a) leitor(a), certamente, conhece outras ocasiões bíblicas para continuar essa lista. Todavia, esses casos são suficientes para exemplificar o que se pretende aqui.

3. Deus fala e se cala

As cenas bíblicas elencadas permitem ao menos três conclusões imediatas.

a) Nossas noites escuras não são, de forma alguma, alheias aos olhos e aos ouvidos de Deus. Ele sempre vê e ouve, porém, a seu tempo e a seu modo. Isso nos convida a não desanimar, sabendo que o caminho é longo (1Rs 19,7b). Mas como diz o biblista Knauf: "quem deseja a luz tem que caminhar no escuro!" (2019, p. 182).

b) Trata-se de uma realidade bíblica que Deus se revela e se esconde, fala e se cala. Que ele se revela e fala, a Bíblia é testemunha disso. Que se esconde e fica em silêncio, mostram-no as circunstâncias da vida. O profeta Isaías, por exemplo, verbaliza isso: "tu és um Deus que se esconde, ó Deus de Israel, o Salvador" (Is 45,15) e o salmista, na sua oração, reclama: "ó Deus, não esteja em silêncio, não seja surdo, nem inerte, ó Deus!" (Sl 83,2)[13]. Faz parte da liberdade e do mistério divinos. Constitui-se

---

13. Cf. Salmos 28,1; 35,22; 39,13; 50,3; 109,1; Isaías 42,14.

num traço de Deus que silencia até mesmo quando mais precisamos. Todavia, também surpreende onde não se espera. O seu silêncio, no entanto, difere do silêncio dos ídolos. Esses nunca falam e nunca falarão, nunca ouvem e nunca ouvirão[14]. São surdos e mudos e não fazem qualquer exigência ética[15].

O profeta Ezequiel foi emudecido, calado, silenciado por Deus por um tempo (Ez 3,26; 24,27; 33,22). Isso para não repreender o povo, casa de rebeldes (Ez 3,26b). Ora, esse silêncio torna-se de grande eloquência, pois se converte em palavras acusadoras não verbalizadas, por parte de Deus. Trata-se, portanto, de um silêncio que fala. Assim, Deus fala também quando silencia (BÁEZ, 2011, p. 139-140).

Por outra parte, o diálogo se constitui, sobretudo, de *palavra* e *silêncio* entre os interlocutores. Quando um fala, o outro escuta e, para escutar, silencia. Assim, o silêncio de Deus corresponde ao seu turno de escuta. Ele ouvia Jó quando ele lhe falava, entre os capítulos 3–37, mas só em 38,1 Deus começa a falar e sua fala revela que não estava alheio à queixa de Jó. Portanto, quando Ele se cala é porque nos ouve.

c) Por fim, as nossas formas convencionais de alimentar nossa fé e fazer a experiência de Deus, nossas práticas religiosas, mais exatamente nossas liturgias, nosso culto organizado, nossos ritos, nossos espaços sagrados

---

14. Cf. Salmos 115,4-7; 135,15-18; Deuteronômio 4,28.
15. Para um aprofundamento desse parágrafo sugere-se a leitura de S. J. BÁEZ. *Quando tudo se cala. O silêncio na Bíblia.* São Paulo, Paulinas, 2011.

– cujo acesso foi suspenso ou drasticamente reduzido no período de pandemia – são essenciais, são de extrema importância, precisamos deles. Alimentar-nos de Deus através deles constitui-se em algo absolutamente normal e ordinário. Porém, nossas liturgias, ritos e práticas devocionais não esgotam as formas de manifestação de Deus que sempre nos surpreende e nos precede sobretudo nos momentos de crise, de apagão, de sofrimentos. Isso parece óbvio, sobretudo considerando os exemplos vistos acima. No entanto, certos momentos, na limitação ou redução das assembleias, das missas, da eucaristia, nos forçam a repetir e a lembrar o óbvio. Aliás, convém lembrar o que já dissemos antes, a experiência de Deus fundante e paradigmática de Israel não foi feita no templo, nem no culto, mas na fuga do Egito, no êxodo. Amós retoma esta realidade com uma pergunta retórica: "por acaso ofereceste-me sacrifícios e oferendas no deserto durante quarenta anos, ó casa de Israel?" (Am 5,25)[16]. Nem por isso Israel deixou de ser alimentado e assistido por seu Deus[17]. Nesse caso paradigmático, portanto, a experiência precede o rito, o ato de culto. Obviamente que culto e rito devem levar à experiência de Deus. No entanto, há muitos ritos vazios de experiência ou que não levam a ela e podem mesmo nos distanciar de Deus.

---

16. Para o contexto mais amplo, cf. Amós 5,21-25; Jeremias 7,22-23.

17. Expresso, sobretudo, através da água (Ex 17,1-7; Nm 20,1-13; Sl 78,15-16.20; 105,41), do maná (Ex 16; Sl 78,24-25), das codornizes (Ex 16,13a; Nm 11,31-32; Sl 105,40; 78,27-28), da nuvem e do fogo (Ex 13,21-22; 40,36-38; Nm 9,15-23; Dt 1,33; Sl 78,14; 105,39), do carregar sobre as asas (Ex 19,4; Dt 32,11).

A pandemia oferece uma ocasião para avaliar nossa visão de Deus e nossas formas de nos relacionar com ele, nossas práticas. Ocasião que não podemos perder. Deus está nas igrejas e nos templos, e está também, e sobretudo, nas "cisternas da vida".

4. O Exílio: um paradigma para as crises

Voltemos à figura da cisterna, no caso de José! Ela era também a imagem do exílio para onde o povo fora levado: "para me destruírem, lançaram-me na cisterna" (Lm 3,53). Israel ficou sem templo e sem altar. Como fazer seus sacrifícios? O livro de Daniel é uma obra tardia, mas o autor a situa no período exílico (Dn 1,1-2). No cântico de Azarias, conservado na edição grega, a dos Setenta, se descreve o drama do povo nestes termos: "não há mais, nestas circunstâncias, nem chefe, nem profeta, nem príncipe, nem holocausto, nem sacrifício, nem oblação, nem incenso, nem lugar onde oferecermos as primícias diante de ti" (Dn 3,38). Significa que o aparato político-religioso estava desmontado. O exílio foi a grande noite escura de Israel. Porém, uma das noites mais fecundas, que permitiu Israel reencontrar-se consigo mesmo, redescobrir a face de seu Deus, purificar a visão que tinha dele e continuar a relação com ele, de modo renovado. Desta forma, aquilo que parecia ser uma desgraça transforma-se numa grande chance, numa oportunidade. Zacarias, relendo o fato, escreve: "ainda quanto a ti, por causa do sangue da tua aliança, libertei os teus cativos da cisterna em que não havia água" (Zc 9,11). O período exílico serve, portanto, como paradigma para ensinar a pessoa que crê a ver, com outra ótica, as crises da vida. Elas podem ser ocasião para algo novo. As tragédias podem ser revertidas em dores de parto, à vista de uma nova vida.

5. Deus no outro

O evangelista João sintetiza o mistério da encarnação num verso muito conhecido: "a palavra se fez carne e habitou entre nós" (Jo 1,14). Parafraseando esse verso, sem a menor intenção de diminuí-lo, diríamos: "o livro se fez pessoa e habita entre nós". Um pouco mais adiante, o mesmo evangelista apresenta a expulsão dos cambistas do templo por Jesus. Questionado pelos adversários, Jesus responde: "destruí este templo, e em três dias eu o levantarei" (Jo 2,19). O evangelista tem o cuidado de acrescentar: "Ele, porém, falava do templo do seu corpo. Assim, quando ele ressuscitou dos mortos seus discípulos lembraram-se de que dissera isso..." (Jo 2,21-22). Nesse cuidado, transparece o deslocamento de uma instituição (templo) para uma pessoa (Jesus), pessoa concreta (corpo), e consequentemente para aquilo que ambos, instituição e pessoa, representam.

O cristianismo é conhecido como uma das religiões "do livro" e, de certa forma, isso é verdadeiro, pois tem por base a Sagrada Escritura. Porém, é verdadeiro apenas em parte! Não nos relacionamos apenas com um livro, mas com uma pessoa: Jesus Cristo. Ora, Jesus se deixa reconhecer no outro. Revelador mostra-se o episódio da conversão de Paulo, aproximando-se de Damasco, em plena perseguição a homens e mulheres que seguissem *o Caminho* (At 9,1-2). Jesus não pergunta: "Saul, Saul, por que *os* persegue?", e sim: "Saul, Saul, por que *me* persegues?" (v. 4). Em seguida se identifica: "Eu sou Jesus, a quem tu persegues" (v. 5).

6. No outro vulnerável e injustiçado

Retomando o quarto Evangelho (bíblico), na tarde de Páscoa (Jo 20,19-25), Tomé condiciona sua fé no Ressuscitado ao ver e apalpar o Crucificado: "se eu não vir em suas mãos a marca dos pregos e se não puser nelas meu dedo e minha mão no seu lado, não crerei" (v. 25). Jesus disse a Tomé: "põe teu dedo aqui e vê minhas mãos! Estende tua mão e põe-na no meu lado e não sejas incrédulo, mas crê!" (v. 27). Jesus reprova a incredulidade de Tomé, presente na condição posta por ele. Por duas vezes a narrativa acentua algo de importância capital: não mostra apenas que o Crucificado e o Glorioso é um e o mesmo, mas também, que se reconhece o Glorioso (Cristo da glória) no Crucificado (Cristo histórico, humano), através das feridas. Na verdade, isso já ocorrera com os demais discípulos por iniciativa do próprio Cristo (vv. 19b-20a), totalizando três vezes a mesma afirmação basilar[18]. O que o evangelista quer dizer com isso? Ele propõe reconhecer nas chagas humanas a presença do Ressuscitado. Aí está um grande desafio para o discípulo autêntico.

O Papa Francisco faz uma observação pertinente:

---

18. No Evangelho de Lucas, o Jesus glorioso procura superar a dúvida dos discípulos, apresentando suas mãos e seus pés, obviamente, referindo-se às marcas dos pregos, ou seja, ao crucificado (Lc 24,39-40).

> Às vezes sentimos a tentação de ser cristãos mantendo uma prudente distância das chagas do Senhor. Mas Jesus quer que toquemos a miséria humana, que toquemos a carne sofredora dos outros. Espera que renunciemos a procurar aqueles abrigos pessoais ou comunitários que permitem manter-nos à distância do nó do drama humano, a fim de aceitarmos verdadeiramente entrar em contacto com a vida concreta dos outros e conhecermos a força da ternura. Quando o fazemos, a vida complica-se sempre maravilhosamente e vivemos a intensa experiência de ser povo, a experiência de pertencer a um povo (EG, n. 270).

Esse desafio aparece também nos evangelhos sinóticos, quando colocam na boca do centurião romano a frase: "de fato, este [homem] era filho de Deus" (Mt 27,54; Mc 15,39). Trata-se de um pagão, vendo e reconhecendo no Crucificado *o Filho de Deus*. Ora, Mateus, um pouco antes, apresenta uma lista de vulneráveis concretos: famintos, sedentos, forasteiros, nus, doentes, presos, com os quais Jesus, o filho de Deus, se identifica (Mt 25,31-40). O desafio de reconhecer nos crucificados, nos vulneráveis e injustiçados, nos "invisibilizados", o Filho de Deus não pode ser menor para um discípulo autêntico de Jesus.

Certamente, pertence a esta lógica o uso da frase de Oseias (Os 6,6) por Mateus: "quero misericórdia, e não os sacrifícios" (Mt 9,13), ou seja, concede à opção pelo vulnerável e injustiçado o status de liturgia, a liturgia querida por Deus. O evangelista introduz a frase destinada aos fariseus com um imperativo: "ide e aprendei o que significa...". A importância da frase do profeta para Mateus fica acentuada pela repetição, em novo contexto (Mt 12,7).

No evangelho de Marcos, um escriba dialoga com Jesus a propósito do primeiro mandamento. Por fim, afirma que amar (*agapaō*, em grego) a Deus "e ao próximo como a si mesmo é mais do que todos os holocaustos e todos os sacrifícios" (Mc 12,33). Mais uma vez, a caridade (*ágape*) ganha um *status* ainda maior que o ato litúrgico.

Parece-nos que a questão de fundo seria: um Crucificado pode dizer ou revelar algo autêntico do Deus-verdadeiro? Paulo, o apóstolo, responderá afirmativamente. Então emerge a pergunta: qual o lugar dos crucificados, dos vulneráveis e injustiçados, em nossas liturgias, na minha e nossa experiência de Deus e, consequentemente, na minha e nossa pastoral?

Quanto ao templo, Ezequiel vê a glória de Deus deixar o templo (Ez 11,23). Em seguida, conta aos exilados sua visão (v. 25). O profeta tenta abrir a mente deles, mostrando que Deus não está preso a uma instituição e a seu aparato litúrgico, mas acompanha seu povo ao exílio. Miqueias, ainda mais categórico, afirma: "o Senhor saiu de seu santo Templo!" (Mq 1,2b). Não menos crítico, Jeremias percebe que o templo pode até mesmo perverter as relações com Deus (Jr 7,1-11).

O cotidiano da vida, as relações humanas e, mesmo, a criação como espaço da experiência de Deus caracterizam a literatura sapiencial. O Deus da arca (Nm 10,33), da nuvem e do fogo[19] era, igualmente, nômade, caminhava com seu povo, não tinha templo, nem altar. Jesus se autodefine também como *Caminho* (Jo 14,6)!

Certamente, procurar Deus nas "cisternas da vida" não é agradável, falta o fascinante, o misterioso, o mara-

---

19. Cf. Êxodo 13,21-22; 40,36-38; Números 9,15-22; Deuteronômio 1,33; Neemias 9,19; Salmos 78,14; 105,39; Sabedoria 18,3.

vilhoso que seduz e atrai nossa atenção. As *fake news*, o mundo virtual, a beleza das cores, sim, levam ao delírio, emocionam[20]. O real do cotidiano não tem *glamour*, não tem graça, não dá prazer, não computa "visualizações", não monetiza, não desperta curiosidade, "não tem beleza nem esplendor que possa atrair o nosso olhar, nem formosura capaz de nos deleitar" e, por isso, "todos escondem o rosto" (Is 53,2.3). Obviamente, convinha lamentar a falta ou diminuição dos cultos, da liturgia organizada nas igrejas e de suas portas fechadas durante a pandemia. Lá, posso manifestar a minha fé sem ser incomodado por "publicanos e pecadores". Nesse horizonte, lamentar as igrejas fechadas e a redução dos cultos, apesar da reta intenção, pode também expressar que ainda não somos igreja aberta e, tampouco, "em saída".

O Papa Francisco, em sua fala aos participantes no Capítulo Geral da Ordem Carmelita, em 2019, disse algo que calha bem aqui:

> A contemplação seria apenas qualquer coisa momentânea se se reduzisse a arroubos e êxtases que nos afastassem das alegrias e das preocupações com as pessoas. Devemos desconfiar do contemplativo que não é compassivo. A ternura, segundo o estilo de Jesus (Lc 10,25-37), protege-nos da pseudo-mística, da solidariedade de fim de semana e

---

20. As aparições de Nossa Senhora aqui e ali, assim como outros fenômenos religiosos, atraem multidões, mas um pobre na rua ou uma criança com fome não interessa a muitos, não "*dá ibope*". Maltratar um animal choca o país inteiro, uma pessoa faminta já não importa, já estamos acostumados! Despejar pessoas da terra e da moradia, "de seu ninho", não causa indignação, abandonar animais torna-se caso de polícia. Os vulneráveis e os injustiçados, no entanto, continuam sendo a "teofania" mais atual de Deus (Mt 25,31-46).

da tentação de ficar longe das feridas do corpo de Cristo. Três perigos: a pseudo-mística, o fim de semana solidário e a tentação de ficar longe das feridas do corpo de Cristo. As feridas de Jesus são também ainda hoje visíveis no corpo dos irmãos que são despojados, humilhados e escravizados. *Tocando estas feridas, acariciando-as, é possível adorar o Deus vivo no meio de nós.* Hoje é necessário fazer uma revolução da ternura (*Evangelii Gaudium*, n. 88; 288) para que nos tornemos mais sensíveis diante das noites escuras e dos dramas da humanidade[21].

7. Os *sinais dos tempos* apontam outra direção

Não se tem aqui a intenção, em absoluto, de menosprezar ou diminuir a importância de nossas liturgias, de nosso culto organizado e de nossas Igrejas. Correspondem às necessidades humanas, constituem-se em traços também antropológicos, por isso, são indispensáveis. Trata-se, antes, de chamar a atenção para a redução de nossa experiência de Deus aos momentos de práticas litúrgicas e aos templos, num verticalismo para Deus de modo tão extremo que praticamente não deixa mais espaços para perceber o extraordinário de Deus no ordinário da vida nem no semelhante. O individualismo impera como se só existisse o primeiro mandamento, como se bastasse uma só perna para caminhar. Multiplicam-se as práticas religiosas e um devocionismo não raro intimistas, vazios e alienantes[22]. A fé bíblica vai tirando o pé da história para caminhar nas nuvens.

---

21. Francisco, *Discurso*; cursivo nosso.

22. Sugerimos a leitura de textos como, por exemplo: Isaías 1,11-18; Miqueias 6,7-8; Provérbios 14,31; 15,8a; 21,3.27a etc. Para mais

Um pêndulo, quando empurrado numa direção e ao atingir seu ponto crítico, começa o seu retorno, apontando n'outra direção. Empurramos tanto o pêndulo na direção das práticas litúrgicas dentro das Igrejas que, quando ele começa seu retorno, na outra direção, entramos em pânico, nos assustamos, como se fosse algo alheio à nossa fé e não sua substância. Quanto alvoroço tem causado o convite do Papa Francisco para uma Igreja em saída e seu apelo à misericórdia, ou seja, olhar para a realidade que nos desafia a ver no outro e, particularmente, nos vulneráveis e injustiçados um espaço de manifestação (teofania) de Deus, que nos interpela.

Em se tratando de *sinais dos tempos*, a pandemia da Covid-19 trouxe à tona nossas fraquezas humanas, sociais, políticas, eclesiais e teológicas. Momento em que a carência de solidariedade, de cuidado e de ternura se torna ainda maior. Ela pode servir de *sinal dos tempos* que nos avisa que o pêndulo está reclamando seu equilíbrio. Ler e interpretar esse sinal seria uma forma de transformar o rastro de morte e caos deixado pela pandemia em dor de parto, em chance para gestar algo novo. O momento pandêmico cumpriu a função da sentinela (Ez 33,1-9), na medida em que fez emergir nossas contradições, alertando que nossa rota está equivocada. É verdade que a pandemia já passou! No entanto, as pandemias voltam e não seria sábio ignorar o legado positivo que nos amadurece.

---

detalhes, veja nosso texto: TORQUATO, R. P. "Quero a misericórdia e não os sacrifícios" (Os 6,6a). Liturgia: a água ou a vasilha?, *Studium Revista teológica*, Curitiba, v. 8, n. 13 (2014) p. 23-52.

Concluindo

Após o caminho percorrido, espera-se que tenha ficado claro que temos uma oportunidade diante de nós de redescobrir o valor da solidariedade, da cumplicidade com o semelhante, da responsabilidade com a Casa Comum, descobrir no outro – e, particularmente, no injustiçado, no vulnerável e "invisibilizado" – o irmão, a irmã. Trata-se da outra parte do culto que agrada a Deus, hodiernamente, bastante esquecido por muitos.

Ora, a parábola do bom samaritano deixa claro que não basta saber e ter boas intenções. É preciso dar o passo! E "Jesus, então, diz: 'vai, e também tu, *faze o mesmo*'" (Lc 10,37)!

Referências

BÁEZ, S. J. *Quando tudo se cala. O silêncio na Bíblia*. São Paulo: Paulinas, 2011.

PAPA FRANCISCO. *Discurso aos participantes no Capítulo Geral da Ordem Carmelita*. Disponível em: <https://caminhoscarmelitas.com/?p=14475>. Acesso em: 31 out. 2023.

_____. *Exortação Apostólica Evangelii Gaudium: sobre o anúncio do Evangelho no mundo atual*. São Paulo: Paulus/Loyola, 2013.

KNAUF, E. A. *1 Könige 15-22* (HThKAT). Freiburg: Herder, 2019.

TORQUATO, R. P. "Desceu com ele à cisterna…" (Sb 10,14). Uma abordagem sobre José do Egito na perspectiva do sofrimento e da sapiência, *Revista Convergência*, v. 49, n. 475 (2014) p. 593-607.

_____. "Quero a misericórdia e não os sacrifícios" (Os 6,6a). Liturgia: a água ou a vasilha?, *Studium Revista teológica*, Curitiba, v. 8, n. 13 (2014) p. 23-52.

_____. *Confiar como as crianças!* FAJE: Belo Horizonte, 2020. Disponível em: <https://faculdadejesuita.edu.br/confiar-como-as-criancas/>. Acesso em: 31 out. 2023.

VOGELS, W. *Abraão e sua lenda. Gênesis 12,1–25,11*. São Paulo: Loyola, 2000.

CAPÍTULO 3

Lendo a misericórdia nos sinóticos a partir de Lucas

Frei Rivaldave Paz Torquato

Lucas, abrindo o seu Evangelho, diz: "pelas *entranhas de compaixão* (*splágchna eléous*)[1] de nosso Deus na qual nos *visita* (*episképsetai*) o sol que desponta no Oriente" (1,78)[2]. Este verbo *visitar* (*episképtomai*) é usado na versão dos Setenta para traduzir o hebraico *pqḏ*[3] e traduz a maior parte dos casos (ANDRÉ, 1989, p. 721).

Na linguagem teológica do Antigo Testamento, esta raiz *pqḏ* (= *visitar*) tem muitas vezes o sentido de uma intervenção (imediata) do Senhor para exigir uma

---

1. Ou ainda: *vísceras de compaixão* ou *compaixão visceral*. Com o termo *splágchna*, a versão dos Setenta traduz o hebraico *raḥămîm* = *vísceras, entranhas, compaixão, misericórdia* (Pr 12,10) e *beṭen* = *ventre* (Pr 26,22). Certamente o termo grego recebeu influência do hebraico *raḥămîm*. Assim, *splágchnon* é também a sede do amor materno natural (4Mc 14,13; 15,23.29).

2. O verbo aparece 11 vezes no Novo Testamento (em Lucas, 3 vezes; Atos, 4 vezes: 6,3; 7,23; 15,14.36). De acordo com ROHDE, o sentido básico de *episkeptomai* é *visitar*, com a conotação de *preocupar-se por alguém* (6 vezes). O verbo significa ainda *buscar, escolher* (2 vezes) e, finalmente, *visitar com clemência* (3 vezes no material peculiar de Lc) (2005, p. 1520).

3. Por exemplo: Gênesis 21,1; 50,24.25; 1 Samuel 2,21; Salmos 106,4; 65,10; Jeremias 15,15.

prestação de contas pelas faltas e omissões. Portanto, se trata de uma imediata intervenção punitiva contra os pecados e contra quem os cometeu (SCHOTTROFF, 1985, p. 603-604). Convém lembrar, porém, que a punição divina visa a conversão e a salvação. Deus nos trata com *medida, número e peso, fecha os olhos diante dos pecados dos homens e a todos perdoa* porque *é amigo da vida* (Sb 11,20b.23.26). Ele não tem prazer na morte do ímpio, mas antes na sua conversão (Ez 33,11; 18,23). A punição divina visa desativar a impiedade que está em nós. Já nos textos mais antigos *pqd* exprime também o interesse salvador do Senhor pelo indivíduo ou por Israel como povo no sentido de *cuidar atentamente de, prestar atenção* ou *olhar por, interessar-se por alguém*. Na profecia exílica e pós-exílica, *pqd* designa a nova e iminente intervenção do Senhor em favor de Israel, que iniciará o retorno do exílio ou da diáspora. Na lírica cultual do Antigo Testamento, *pqd* apresenta a ideia do cuidado da divindade pelos homens e seu espaço vital (SCHOTTROFF, 1985, p. 601-602). Tem-se a impressão que é justamente este aspecto positivo que a tradução dos Setenta resgata com o verbo *episképtomai* (*visitar*). "A atuação em benefício de alguém se traduz com *episképtein*, em prejuízo com *epizētein* [*buscar, procurar*] ou então se recorre à perífrase" (ANDRÉ, 1989, p. 722)[4].

Ora, é esta dimensão de *cuidado* e *benefício* que o evangelista Lucas abraça quando fala em *visita* do sol nascente. Assim, já em Lucas 1,78 o evangelista mostra que a *visita* do Messias não é para acusar e julgar os pecadores,

---

4. Quanto às obras em línguas estrangeiras aqui citadas, a tradução e a transliteração são nossas.

mas erradicar o sofrimento humano causado (quase sempre)[5] pelo pecado. Um pouco antes, o mesmo verbo *visitar* (*episképtomai*) aparece vinculado à *redenção-libertação* (1,68). Deus visita para redimir, não para condenar.

José, ao despedir-se de seus irmãos na conclusão do Gênesis, diz: "Eu morro; porém Deus certamente vos *visitará* (*pqd*) e vos fará subir desta terra para a terra que jurou dar a Abraão, a Isaac e a Jacó" (Gn 50,24). Em seguida, ainda no Egito, o próprio Deus declara: "De fato, vos tenho *visitado* (*pqd*) e visto o que vos é feito no Egito. Então vos disse: far-vos-ei subir da aflição do Egito para a terra... para uma terra que mana leite e mel" (Ex 3,16b-17). Esta se tornou o paradigma das *visitas* divinas, ou seja, quando Deus é o protagonista da visita, ela se torna sinônimo de benevolência e solicitude divinas, expressão do amor fiel e compassivo que muda a sorte, transforma a dor em alegria, o luto em festa. Esta parece ser a *visita* programada em Lucas 1,68-69 a ser realizada em Jesus.

Este verbo *visitar* aparece uma terceira e última vez no Evangelho de Lucas na cena da ressurreição do filho da viúva de Naim (Lc 7,11-17). A multidão reconhece na atitude de Jesus, que erradica o drama humano daquela pobre viúva, que "Deus *visitou* seu povo" (Lc 7,16)[6]. Ora,

---

5. "Quase sempre" porque, por exemplo, Jó sofre embora fosse "homem íntegro e reto, que temia a Deus e se afastava do mal" (Jó 1,1.8; 2,3). Jesus sofre (Hb 5,8) embora não tivesse pecado (Hb 4,15).

6. Em 19,44, no oráculo de Jesus sobre Jerusalém, Lucas usa o substantivo *episkopē* = *visitação* – do verbo *episkopéō*. É o termo que a versão dos Setenta usa em Êxodo 3,16: *episkopēi epéskemmai humas*, traduzindo *pāqōd pāqadtî 'etəkém* (lit. *visitar visitei a vós*, ou seja, *na verdade vos tenho visitado*).

aqui Lucas usa, outra vez, não o substantivo (*splágchnon* = víscera, entranha) como faz em Lucas 1,78, mas o verbo *splagchnízomai* (*compadecer-se; ter/sentir compaixão; ser comovido*), para indicar justamente o ponto de partida da ação de Jesus, o impulso que o leva a atuar (Lc 7,13). O verbo refere-se a um movimento nas vísceras, algo interno forte e profundo que contorce a pessoa, desde o mais íntimo de si, provocado pela miséria alheia. Compadecer-se (= padecer *com*) é ser tomado, preso às entranhas pelo sofrimento do outro. Trata-se de um hebraísmo. Ele traduz o hebraico *raḥàm* (*réḥem*), cujo sentido elementar é *útero, ventre materno, vísceras*. Para a Bíblia, aí está o centro dos sentimentos e das emoções[7]. Veyron-Maillet, comentando esse verbo no episódio de Naim (Lc 7,11-17), diz: "Trata-se de uma emoção violenta: o verbo *splagchnizô* tem por primeiro sentido aquele de 'comer as entranhas das vítimas'. Aqui, no passivo, designa Jesus como aquele cujas entranhas são comidas, isto é, uma vítima, como a mãe" (VEYRON-MAILLET, 2007, p. 185).

O Evangelho de João ignora esse verbo. Já nos sinóticos[8], ele aparece em quatro cenas comuns: a) a cura do leproso[9]; o verbo ocorre em Marcos 1,41; b) a partilha dos pães[10]; Marcos e Mateus duplicam esta cena (Mc

---

7. A raiz *rh.m* aparece aplicada a Deus em textos como: Oseias 2,21.25; Isaías 49,10; 54,7-8.10; 55,7; Jeremias 31,20; Salmos 25,6; 40,12; 51,3; 69,17; 77,10; 79,8; 103,4.13; 116,5; etc. Essa raiz qualifica a atitude de Deus diante de pobres e excluídos – já a partir mesmo do drama do pecado.

8. A ocorrência do verbo nos sinóticos: Mateus 5 vezes; Marcos 4 vezes; Lucas 3 vezes.

9. Marcos 1,40-45; Mateus 8,1-4; Lucas 5,12-16.

10. Marcos 6,30-44; Mateus 14,13-21; Lucas 9,10-17.

8,1-10; Mt 15,32-39) e, também, as ocorrências do verbo (Mc 6,34; 8,2; Mt 14,14; 15,32); c) o endemoniado epilético[11]; o nosso verbo aparece em Marcos 9,22; d) a cura do(s) cego(s) de Jericó[12]; o verbo está presente em Mateus 20,34. Marcos omite o verbo na quarta cena apenas. Mateus o omite na primeira e terceira cenas, mas o acrescenta no sumário (Mt 9,36) e na cena do devedor implacável que não usou de misericórdia para com seu companheiro. O senhor, ao contrário, teve compaixão (Mt 18,27).

Enquanto Lucas omite o verbo sistematicamente nas quatro cenas, reserva-o, todavia, *exclusivamente* para aquilo que lhe é próprio: a ressurreição do filho da viúva de Naim (Lc 7,13), a parábola do bom samaritano (Lc 10,33) e a do pai misericordioso (Lc 15,20). No segundo caso, o sujeito do verbo é o ser humano, mas em todos eles é a miséria alheia que desperta o sentimento da compaixão e a consequente ação[13]. Não há um pedido de socorro, uma oração etc. Simplesmente a miséria grita por si e é ouvida "nas entranhas" daquele que vê. Aliás, nestes três casos o verbo ocorre após o *ver*: "ao se aproximar da porta da cidade, coincidiu que levavam a enterrar um morto, filho único de mãe viúva; e grande multidão da cidade está com ela. O Senhor, ao *vê*-la, teve compaixão..." (Lc 7,12-13); "Certo samaritano em viagem, porém, chegou junto dele, *viu*-o e teve compaixão" (Lc 10,33); "Ele estava ainda ao longe, quando seu pai

---

11. Marcos 9,14-27; Mateus 17,14-18; Lucas 9,37-42.

12. Marcos 10,46-52; Mateus 20,29-34; Lucas 18,35-43.

13. Não é por acaso que nas três ocorrências a forma verbal é o aoristo *passivo*.

viu-o e teve compaixão..." (Lc 15,20). É o *ver* que rompe a indiferença[14].

Voltando ao outro termo para *misericórdia* (*eléous*), usado por Lucas em 1,78, o termo é típico dos hinos (*Magnificat* e *Benedictus*), ou seja, ocorre em Lc 1,50.54.58.72.78 como atributo de Deus, em parte retomando o saltério[15]. Fora disso, Lucas o usa apenas em Lc 10,37. Ali o fariseu reconhece que o samaritano usou de misericórdia, isto é, imitou o agir divino. Já o verbo correspondente (*eleéō/eleáō*), Lucas o põe na boca de pessoas suplicando compaixão: na cena do rico e Lázaro, o rico pede compaixão (Lc 16,24); os dez leprosos pedem a Jesus compaixão (Lc 17,13) e o cego de Jericó pede compaixão ao filho de Davi (Lc 18,38.39).

Inicialmente, tem-se a impressão que o verbo *splagchnízomai* (*compadecer-se*) seria o sentimento em si e que *eleéō* (ter compaixão/piedade) seria o agir decorrente deste sentimento. O primeiro referir-se-ia ao sentir ou ao impulso, e o segundo estaria no nível da ação. Mas, confrontando textos como: 1) "...o senhor, *compadecendo-se* (*splagchnízomai*) do servo, soltou-o e perdoou-lhe a dívida" (Mt 18,27), em seguida o senhor diz ao servo: "Não devias, também tu, *ter compaixão* (*eleéō*) do teu companheiro, como eu *tive compaixão* (*eleéō*) de ti?" (Mt 18,33);

---

14. A propósito do verbo *ver*, consultar nosso texto: Veio procurar e salvar o que estava perdido, in: TORQUATO, R. P.; ROZIN, C. *Jesus e sua mãe. Estudos de exegese bíblica.* São Paulo, Loyola, 2020, p. 169-174.

15. Esse é o caso dos v. 50 (paralelo com Sl 103,17), v. 54 (paralelo com Sl 98,3) e v. 72 (paralelo com Sl 105,8-9 e 106,45). Lucas traduz nestas citações (exceto Sl 105,8-9) o hebraico *hesed*, exprimindo a fidelidade do Deus criador e compassivo.

2) a parábola do bom samaritano: "Certo samaritano em viagem, porém, chegou junto dele, viu-o e *compadeceu-se* dele (*splagchnízomai*)" (Lc 10,33); 3) a pergunta de Jesus "'Qual dos três, em tua opinião, foi o próximo do homem que caiu nas mãos dos assaltantes?' Ele respondeu: 'Aquele que *teve compaixão* (*eleéō*) dele'" (Lc 10,36-37); parecem, antes, verbos sinônimos. Mas sobre isso fica a questão aberta!

Lucas usa ainda duas vezes o adjetivo *oiktírmōn* = *bom, misericordioso* (Lc 6,36): "sede misericordiosos como o vosso Pai é misericordioso". Ele oferece aí um atributo divino e, ao mesmo tempo, um traço fundamental da vida cristã[16]. Não é apenas um conselho, mas um imperativo de Jesus, que apresenta o Pai como modelo.

Dessa forma emerge uma pergunta: para Lucas, ou melhor, para Jesus, assim como os sinóticos o apresentam, a *misericórdia* seria um conceito diverso daquele de *justiça* ou uma compreensão elevada dela, mais profunda? Trata-se de dois grandes atributos divinos (2Mc 1,24) que as pessoas são convidadas a abraçar e a realizar como seus. Mas como entendê-los se, de fato, são divergentes?

A justiça está estreitamente vinculada ao mérito, merecimento, reconhecimento e respeito de direitos. Ela visa o equilíbrio nas relações sociais, a harmonia entre as

---

16. A versão dos Setenta usa regularmente os verbos *oiktírō* e *eleéō* para traduzir a raiz hebraica *rḥm*; já com os correspondentes adjetivos (gregos), traduz respectivamente as raízes *rḥm* e *ḥnn* na função adjetiva, aplicados a Deus em Êxodo 34,6; 2 Crônicas 30,9; Neemias 9,17.31; Salmos 85,15; 103,8; 110,4; 111,4; Jonas 4,2; Joel 2,13. Soma-se a estas ocorrências Sirácida 2,12. Trata-se de uma fórmula litúrgica.

partes etc. A justiça é dar a cada um o que lhe pertence, é dar direito a quem *tem* direito[17]. É preciso esforço para que este nível seja garantido ou realizado (Mt 5,6.10; 6,33)[18]. Esta virtude era apreciada pelos escribas e fariseus, mas conforme a ótica da Teologia de Retribuição. Era a lógica que convencia a razão e deixava a sociedade dormir tranquila em face das injustiças sociais. Afinal o miserável, o indigente, era culpado por sua desgraça. Se alguém sofria era porque pecou (Jo 9,1-2) e o infortúnio era a punição merecida pelo que fez, como mostra o Livro de Jó. Raciocínio que convinha à consciência! Eis porque Jesus lança um desafio a seus discípulos: "Se a vossa justiça *não exceder* à dos escribas e fariseus..." (Mt 5,20). Ele espera uma justiça que ultrapasse aquela dos fariseus e escribas, que vá além do aspecto retributivo. Para ele, *justiça* é dar direito a quem *não tem* direito.

Isso ajuda a entender a parábola dos trabalhadores da vinha (Mt 20,1-16). O patrão combina com os primeiros trabalhadores um denário por dia (v. 2). "Tornado a

---

17. De acordo com Michaelis: "1. Virtude que consiste em *dar* ou deixar a cada um *o que por direito lhe pertence*; 2. Conformidade com o direito; [...] 7. Ação de *reconhecer os direitos de alguém* a alguma coisa, de atender às suas reclamações, às suas queixas etc." (1998, p. 1211), cursivo nosso. Conforme o *Catecismo da Igreja Católica*: "A justiça é a virtude moral que consiste na vontade constante e firme de *dar* a Deus e ao próximo *o que lhes é devido*" (CIC, n. 1807), cursivo nosso.

18. O direito precisa ser assegurado, o criminoso deve responder por seus crimes, o roubado restituído, o prejuízo ressarcido, etc. Já nos tempos bíblicos esta dimensão elementar era muitas vezes negligenciada, como mostra com veemência a crítica profética e, depois, o próprio Jesus. Oxalá se alcançasse a realização da justiça, o mundo já seria outro. Imagine se chegássemos à misericórdia!

sair pela hora terceira, viu outros que estavam na praça, desocupados e disse-lhes: 'Ide também vós para a vinha, e eu vos darei o que for *justo*'" (vv. 3-4). Na hora do acerto, aqueles que trabalharam o dia todo reclamam: "estes últimos fizeram uma hora só e tu os igualastes a nós…" (v. 12), ou seja, o patrão deu direito a quem *não* tinha sem ser injusto com os demais (vv. 13-14).

Ora, quando a justiça chega a este nível em que supera a lógica ou o óbvio, toca as entranhas e convence o coração de quem a exercita, passa a receber um nome novo. Chama-se, então, *misericórdia*. É a *justiça* com mística ou causa, isto é, não cega ou *pro forma*, mas que humaniza e inclui. A miséria alheia chega ao nosso coração e agarra nossas entranhas, e já não conseguimos mais ser indiferentes. O formalismo dos conceitos dá lugar à postura solidária. Não pode ser confundido com sentimentalismo intimista e descompromissado.

A misericórdia seria a mística mesma da justiça (bíblica), que impede que essa se torne um conceito estático, fossilizado e sem vida. Isso nos permite entender porque, no mesmo evangelho mateano, Jesus não apenas sugere (Mt 12,7), mas ordena: "ide, pois, e aprendei o que significa: 'quero a misericórdia…'" (Mt 9,13), justamente quando estava à mesa com publicanos e pecadores e sendo criticado por fariseus. Ora, o texto paradigmático para este conceito de justiça está em Lucas: a parábola do filho pródigo (Lc 15,11-32). O pai deu ao filho a herança que ainda não lhe cabia (v. 12b). Que direito ele teria de voltar e receber de volta novos bens e com festa? É compreensível a queixa do irmão mais velho (vv. 28-30) que ainda não conseguira *exceder a justiça* dos fariseus. Mas o pai misericordioso encheu-se de compaixão (v. 20) e deu ao filho reencontrado novos direitos, e com festa (vv. 22-24), sem diminuir o filho mais velho. Não cabe aqui a lógica nem o cálculo. Dar direito a quem não tem ou a quem o perdeu, no entanto, não se limita a esta parábola. Com o olhar atento, se nota facilmente que este conceito é praticado por Jesus quase que em cada página dos evangelhos. Era o ponto de partida da sua ação. Dar direito a quem não tinha direito foi sua perene atitude de vida. A misericórdia seria a solução de Deus para o mundo. "Sede misericordiosos como o vosso Pai" (Lc 6,36).

Referências

ANDRÉ, G. P.; פָּקַד, *pāqaḏ*. In: Theologisches Wörterbuch zum alten Testament. Stuttgart: Kohlhammer, 1989, v. 6, p. 708-723.

CATECISMO da Igreja Católica (CIC). São Paulo: Loyola, 2000.

JUSTIÇA. In: Michaelis: moderno dicionário da Língua Portuguesa. São Paulo: Melhoramentos, 1998, p. 1211.

ROHDE, J. επισκεπτομαι, *episkeptomai* [mirar por, visitar]. In: Diccionario Exegético del Nuevo Testamento, v. 1. Salamanca: Sígueme, ³2005, p. 1520-1522.

SCHOTTROFF, W. פקד, *pqd* [visitar]. In: Diccionario Teologico Manual del Antiguo Testamento, v. 2. Madrid: Cristiandad, 1985, p. 589-613.

TORQUATO, R. P. "Veio procurar e salvar o que estava perdido", Zaqueu: Lc 19,1-10. In: TORQUATO, R. P.; ROZIN, C. *Jesus e sua mãe. Estudos de exegese bíblica*. São Paulo: Loyola, 2020, p. 149-178.

VEYRON-MAILLET, M.-L. Polysémie d'un texte: analyses narrative et psycho-anthropologique de Luc 7,11-17. *Études Théologiques et Religieuses*, Montpellier, v. 82, n. 2 (2007) p. 179-191.

CAPÍTULO 4

Agir ético-libertador na Carta aos Efésios

Frei Gilvander Luís Moreira

1. Iniciando a reflexão

Neste texto leremos a "Carta aos Efésios"[1] buscando compreender, primordialmente, a dimensão ética desse texto bíblico, ancorando nossa interpretação na seguinte questão: que tipo de ética, de agir, de atitudes, enfim, que postura cristã a "Carta aos Efésios" nos exorta a colocar em prática? Para respondermos a essa questão precisamos observar atentamente o tecido verbal desse texto bíblico.

2. Agir é o que faz a diferença

Muitas vezes, influenciado/a por uma perspectiva excessivamente psicológica, lemos os textos bíblicos buscando, consciente ou inconscientemente, voluntária ou involuntariamente, modelos de personagens bíblicos que devemos imitar. Na perspectiva profética e sapiencial,

---

1. Optamos por colocar entre aspas "Carta aos Efésios" ao longo do texto porque, em uma análise mais acurada, constatamos que de fato não se trata de uma carta e nem é destinada apenas à comunidade cristã de Éfeso.

mais do que a imitação de personagens (aliás, não somos papagaios que imitam outras pessoas!), o que os textos bíblicos pedem de nós é um agir ético, como o defendido no Evangelho de Lucas, onde a *prática* é decisiva. Isto é comprovado na obra lucana (Evangelho de Lucas e Atos dos Apóstolos) com expressões, tais como: "Façam coisas para provar que vocês se converteram..." (Lc 3,8a); "As multidões, alguns cobradores de impostos, alguns soldados, [...] perguntam a João Batista: o que devemos fazer?" (Lc 3,10.12.14). Um escriba pergunta a Jesus: "O que devo fazer para receber em herança a vida eterna?" (Lc 10,25) e, depois de contar o episódio-parábola do Bom Samaritano, Jesus responde: "Vá, e faça a mesma coisa" (Lc 10,37). Muitos outros textos do Evangelho de Lucas podem ser evocados para respaldar a conclusão de que Lucas dá uma grande prioridade ao agir libertador. No primeiro versículo de Atos dos Apóstolos, temos: "...tudo o que Jesus começou a fazer e a ensinar" (At 1,1). A prática é recordada antes do ensinamento, o que quer dizer que acima da ortodoxia está a ortopráxis. Mais importante do que ter uma opinião certa é ter uma prática correta, libertadora. Lucas quer dizer que uma das grandes características das primeiras comunidades é que elas eram comunidades de ação, de prática, de testemunho. Não se trata de qualquer tipo de ação, mas de ações solidárias e libertadoras.

Na Carta de Tiago se afirma, de forma enfática, que "a fé, sem obras, é completamente morta" (Tg 2,17.26), e isso em muitas outras passagens bíblicas. Por exemplo, no discurso final do Evangelho de Mateus (Mt 25,31-46) isso fica evidente em perguntas implícitas provocadoras, que remetem diretamente para o nosso agir ético: "Eu estava com fome. Vocês me deram de comer? Eu era estrangeiro. Vocês me acolheram em casa? Eu estava nu. Vocês me vestiram? Eu estava doente. Vocês cuidaram de mim? Eu estava preso. Vocês me visitaram?" (Mt 25,35-36). Prestemos atenção no tecido verbal: dar, acolher, vestir, cuidar e visitar, todos verbos de ação. A pessoa é reconhecida como justa – "os justos" (Mt 25,37) – se agir acolhendo os clamores dos últimos: "Toda vez que vocês fizerem isso a um dos menores [injustiçados/as] de meus irmãos, foi a mim que o fizeram" (Mt 25,40). O evangelista Mateus faz questão de pôr na boca de Jesus Cristo tal afirmação.

Nunca me esqueço daquilo que meu professor da língua hebraica no Pontifício Instituto Bíblico de Roma nos disse ao terminarmos três anos de estudos intensivos da língua: "Estamos terminando o curso da língua hebraica, a língua por excelência dos profetas e da ética", foi o que nos disse ao concluirmos o curso. É o agir ético que faz a diferença na fidelidade ao Deus Javé, solidário e libertador, "Deus que é rico em misericórdia" (Ef 2,4). O Novo Testamento é escrito em grego, mas carrega toda a herança judaica do agir conforme a vontade de Deus e não apenas do falar, louvar, celebrar culto a Deus.

Importa recordar que ética é muito mais que moralidade, a qual muitas vezes se restringe à postura de juiz/a que pensa estar na arquibancada da vida, de onde se põe a julgar: "sou a favor disso, contra aquilo...". Ética diz respeito ao agir humano, está muito além de boas intenções. Enfim, veremos que a "Carta aos Efésios" nos exorta a um agir humano libertador, humanizador e integrador com todos os seres vivos e a biodiversidade, em uma relação fraternal, justa, solidária e respeitosa, geradora de condições objetivas que garantem a vida em todas as suas expressões.

3. Olhar panorâmico sobre a "Carta aos Efésios"

Organizado em seis capítulos, inserido no Novo Testamento bíblico entre duas cartas paulinas – Gálatas e Filipenses –, o texto bíblico inspirado e chamado "Carta aos Efésios" não é uma carta, pois não é endereçada, exclusivamente, a um destinatário específico. A "Carta" não é "aos Efésios", pois não é dedicada apenas à comunidade cristã da periferia da grande cidade de Éfeso. A expressão *"em Éfeso"* (Ef 1,1), no início da "Carta", falta em diversos manuscritos antigos. A "Carta aos Efésios" é endereçada, provavelmente, a uma rede de comunidades cristãs fora da Palestina/Israel e, por extensão, também endereçada às comunidades atuais.

O texto não foi escrito pelo apóstolo Paulo, mas sim por um discípulo de Paulo, provavelmente na última década do século I da Era Cristã. Portanto, precisamos evitar a leitura da "Carta aos Efésios" de forma literal e fundamentalista. Aliás, uma leitura superficial, pinçando versículos da "Carta", pode induzir-nos a compreensões antagônicas com a finalidade da mesma, tais como justificar o machismo, o patriarcalismo e a relação social escravocrata ("Senhor de escravos"); porém, se compreendidos no contexto, esses versículos não abonam tais injustiças.

Precisamos evidenciar e considerar o contexto político, social, econômico, cultural e religioso desse texto bíblico, que aponta Jesus Cristo como "pedra fundamental" (Ef 2,20) pois testemunha e ensina um jeito de ser, de viver e conviver, de lutar e ser instrumento na construção de uma sociedade justa economicamente, solidária socialmente, plural e respeitosa culturalmente, com uma ética libertadora, que seja expressão do reino de Deus querido por Jesus e pelo Deus da vida.

A "Carta aos Efésios" está organizada em duas grandes partes: a primeira, Efésios 1-3, apresenta vários temas teológicos, e a segunda, Efésios 4-6, desenvolve o anúncio do Evangelho de Jesus Cristo fazendo uma série de exortações éticas e teológicas. A abertura da "Carta" nos induz a pensar que o escrito seja do apóstolo Paulo, pois traz abertura semelhante às cartas paulinas (Ef 1,1). Não o Paulo atrelado ao grupo dos doze, mas "apóstolo de Jesus Cristo pela vontade de Deus". A "Carta" inicia-se com uma louvação litúrgica (Ef 1,3-14): "Bendito seja o Deus e Pai de nosso senhor Jesus Cristo".

A "Carta aos Efésios" se destina primordialmente a comunidades cristãs mistas, com pessoas oriundas do mundo cultural judaico e uma maioria de pessoas oriundas do mundo cultural gentílico, conforme nos informa Efésios 2,11: "Lembrem-se que vocês, pagãos de nascimento, eram chamados incircuncisos por aqueles que se dizem circuncidados, devido à circuncisão que se faz na carne com mão humana". É prioritariamente para pessoas consideradas de origem impura e estrangeira que a "Carta" é dedicada em um primeiro momento. É *aos de fora* que estão aderindo ao Evangelho de Jesus Cristo que o autor da "Carta" exorta a serem exemplos de fraternidade na sociedade escravocrata do Império Romano. A "Carta" se destina também a libertar pessoas cristãs das amarras do legalismo e do ritualismo, o que estava gerando divisões e separações na convivência com *os de fora*. Muros, não; pontes, sim, é o que devemos ser.

4. Nosso Deus age de forma libertadora

Logo após a saudação e o endereçamento, a "Carta aos Efésios" apresenta um magnífico hino de louvor no qual o autor, entre tantas belezas espirituais, revela a ética de Deus, mistério de infinito amor. Deus "nos *abençoou* com toda bênção espiritual, em Cristo" (Ef 1,3), "nos *escolheu*, em Cristo" (Ef 1,4), "*derramou* abundantemente graça sobre nós" (Ef 1,6.8), "*libertou-nos* pelo sangue de Cristo e nos *perdoou*" (Ef 1,7), "nos *fez conhecer* o mistério da sua vontade" (Ef 1,9), "*reuniu* o universo inteiro para levar à plenitude" (Ef 1,10) "em Cristo, segundo o projeto de Deus que tudo *conduz*" (Ef 1,11), "Deus nos *conquistou* [adquiriu] para o louvor da sua glória" (Ef 1,14). Destacamos os verbos de ação para enfatizarmos que o Deus da "Carta aos Efésios" é um Deus ético, que age para o bem de toda a humanidade, "Deus que age em favor de nós" (Ef 1,19) e de todos os seres vivos. Por isso Deus abençoa-nos, escolhe-nos, derrama sobre nós sua graça, liberta-nos, perdoa-nos, faz-nos conhecer seu projeto, "conhecer Deus profundamente" (Ef 1,17), ou seja, liberta-nos da ignorância, do fanatismo, de fundamentalismos, de moralismos. A utopia de Deus é reunir e estabelecer na comunhão o universo inteiro, levando tudo à plenitude. Enfim, pelo agir ético de Deus somos conquistados, cativados por amor para amar sem limites. Essa ética de Deus, que é puro amor, pode nos inspirar para sermos éticos como Deus é ético, ou seja, que nosso agir seja parecido com o agir divino, invocado sob tantos nomes.

5. Tudo "em Cristo"

A expressão "em Cristo" é repetida na "Carta" onze vezes (Ef 1,3.4.11.12.13.20 [2 vezes no v. 12]; 2,12.21.22; 3,12; 4,32), sinal da extraordinária ênfase que o autor dá à pessoa de Jesus Cristo. *"Em Cristo"* somos abençoados, escolhidos, perdoados, temos herança, esperança, fé, confiança, experimentamos o poder de Deus que o ressuscitou, somos morada de Deus. Por outro lado, "sem Cristo" éramos errantes. Ser como Cristo e agir como Cristo é o que o autor da "Carta" pede de nós.

6. Libertar "pelo sangue" é libertar doando a vida

"Por meio do sangue de Cristo é que fomos libertos e nele nossas faltas foram perdoadas" (Ef 1,7). Este versículo está em contexto de louvação litúrgica, mas não pode ser compreendido como se referisse a uma libertação ritual e mágica e a um perdão exclusivamente ritualístico. O sentido é ético: postura libertadora no jeito de conviver, agir e lutar de Jesus Cristo que "nos liberta pelo seu sangue" (Ef 2,13), isto é, pela vida doada ao próximo/a, principalmente aos empobrecidos. Jesus viveu no nosso meio a partir do princípio da misericórdia, colocando em primeiro lugar o outro que é injustiçado. Ou seja, pensando e agindo com opção pelos empobrecidos e escravizados/as. Libertar "pelo sangue" significa libertar doando a vida ao longo de toda a vida, até o martírio se for necessário. Trata-se eminentemente de uma postura ética, um jeito de viver, conviver e lutar. Não viver de forma egoísta, mas agindo cotidianamente, doando-se para que "todos/as tenham vida em abundância" (Jo 10,10), o que salva muita gente não de forma ritualística e mágica, mas nas entranhas das relações humanas e sociais. Sangue é muito mais que sangue, é vida doada. "Tomai, todos, e bebei o meu sangue" (Mc 14,22-25; Lc 22,14-20; Mt 26,26-29; 1Cor 11,24-28), ouvimos na celebração da eucaristia (ceia). Isso quer dizer: seja como Jesus Cristo foi. Viva a vida doando-se, e não apenas doando coisas. Aliás, as primeiras comunidades cristãs, ao celebrar a eucaristia, faziam questão de recordar: "Fazei isto em memória de mim" (1Cor 11,24). Fazer o quê? O que Jesus fez. O que ele fez? Viveu a vida doando-se por todos/as.

7. Somos todos/as da família de Deus

A "Carta aos Efésios" afirma a bondade, o amor e a misericórdia de Deus, bem como a centralidade de Cristo na nossa vida, enaltecendo a cidadania de todos/as, sem exceção, como Povo de Deus: "Vocês, portanto, já não são estrangeiros nem hóspedes, mas concidadãos do povo de Deus e membros da família de Deus" (Ef 2,19). Isto é, "Povo de Deus" não está restrito à linhagem cultural judaica, mas abarca todos os povos, sem exceção, irmanando todos/as como "família de Deus". Eis a perspectiva universalista apregoada na "Carta", apontando que a inculturação em todas as culturas é o caminho santificador.

8. Que tipo de comportamento é digno de uma pessoa cristã?

"Peço que vocês se comportem de modo digno da vocação que receberam" (Ef 4,1b). O autor da "Carta" exorta a seus destinatários, que somos todos/as nós, a um "comportamento digno da nossa vocação", da nossa missão, diríamos hoje. Que tipo de comportamento deve ser considerado digno para uma pessoa cristã? Segundo a "Carta aos Efésios", é o comportamento de quem demonstra estar profundamente ligado ao mistério de amor que nos envolve, quem reflete as atitudes e os gestos de Jesus, que viveu doando-se por todos/as sem discriminar ninguém, e pelo agir testemunha a imagem de um Deus que é rico em amor e misericórdia. Por outro lado, quem vive falando o nome de Deus, invocando a misericórdia de Deus, mas ao mesmo tempo incita luta para destruir o regime democrático e instalar ditadura; usa arma e defende o armamentismo, considerando o outro um inimigo em potencial; é racista, misógino, homofóbico, discrimina pessoas de religião de matriz africana ou indígena, incita o ódio e a intolerância, esse tipo de pessoa não está se comportando de forma digna, conforme apregoa a "Carta aos Efésios".

9. Ser humilde, sim; humilhado, não!

"Sejam humildes, amáveis, pacientes e suportem-se uns aos outros no amor. Mantenham entre vocês laços de paz" (Ef 4,2-3a). Ser humilde, sim; humilhado, jamais. Amável, sim, jamais *saco de pancada*, bobo; paciente, sim, diante do que é impossível mudar, como por exemplo uma doença que carcome a pessoa e a deixa em estado terminal. Nessa situação resta-nos aceitar e ter paciência. Entretanto, não podemos usar a exortação dessa "Carta" para praticarmos a paciência e encorajarmos paciência diante de injustiças e opressões.

A exortação "suportem-se uns aos outros no amor" significa respeitem-se uns aos outros no amor, reconhecendo o que há de melhor no outro e reconhecendo também nossos limites e contradições. Isso para viabilizar uma convivência social justa, respeitosa e sadia. Que a busca da paz seja a bússola na nossa convivência social e ecológica. Entretanto, paz como fruto da justiça; jamais pacificação, que é muitas vezes *esparadrapo* em cima de ferida. Em nome da pacificação, no Brasil houve anistia geral e irrestrita aos generais ditadores e aos torturadores da ditadura militar, civil e empresarial de 1964 a 1985, que fez desaparecer, torturou, exilou e assassinou centenas de lideranças que eram *cérebro* da sociedade brasileira. A busca pela verdadeira paz envolve luta por justiça, o que não é vingança nem anistia a criminosos. Na mesma linha, o autor da "Carta" enfatiza: "Sejam bons e compreensivos uns com os outros, perdoando-se mutuamente, assim como Deus perdoou a vocês em Cristo" (Ef 4,32).

10. Sejam pessoas humanas!

Sejam pessoas novas (!), exorta-nos o autor da "Carta" em Efésios 4,17-24. "Não vivam como os pagãos, cuja mente é vazia" (Ef 4,17b). A palavra *pagão* vem de *pagos*, que significa *camponês*, em oposição a uma pessoa da cidade. Entretanto, em tom pejorativo o termo *pagão* foi empregado ao longo de muitos séculos para discriminar *os de fora*, os estrangeiros, os que estão fora da nossa comunidade. Então, que tipo de *pagão* não pode ser exemplo de vida para nós segundo a "Carta aos Efésios"? Obviamente que não são os pagãos camponeses, mas quem vive enredado na teia da ideologia dominante do Império Romano, com muitas idolatrias e cultura escravocrata que aviltava a dignidade humana, reduzindo 80% do povo à escravidão. Não vivam como esses que reproduzem um sistema de morte, diz nas entrelinhas a "Carta aos Efésios".

Nos dois versículos seguintes, em Efésios 4,18-19, é especificado que tipo de agir é denunciado como imoral e não ético: os que se regem pela "libertinagem e imoralidade", os vassalos da ideologia dominante ("cegos"), os que tentam manipular Deus segundo seus interesses, os que não têm empatia ("coração endurecido"), os ignorantes, os insensíveis, os libertinos e imorais, enfim. A "Carta" diz textualmente para não termos como exemplos de vida a estes cuja "inteligência [...] se tornou cega, e eles vivem muito longe da vida de Deus, porque o endurecimento do coração deles é que os mantém na ignorância. Eles perderam a sensibilidade e se deixaram levar pela libertinagem, entregando-se com avidez a todo tipo de imoralidade" (Ef 4,18-19).

11. Lute pela justiça sendo justo: eis a verdade

"Abandonem a mentira: cada um diga a verdade ao seu próximo, pois *somos membros uns dos outros*" (Ef 4,25). Essa exortação não diz respeito apenas a pronunciar verdades e evitar falar mentiras, *fake news*, mas diz respeito a uma postura ética que deve reger nossa forma de viver, conviver e lutar pela construção do reino de Deus a partir do aqui e do agora. "Falar a verdade" implica ser verdadeiro/a, ético/a, colocar em prática o que diz, ter coerência entre o que diz e o que pratica. Ou seja, quem luta por justiça de forma verdadeira precisa ser justo. Quem abomina e repudia a corrupção e a violência precisa, para "falar a verdade", ser e agir como pessoa ética e respeitosa, não pode bradar contra corrupção e ser pessoa corrupta. Ao insistir sobre o abandono da mentira e carregar a verdade consigo, a "Carta aos Efésios" está exortando-nos para um agir ético que revele coerência entre o que sai da nossa boca e nossas atitudes. Jesus Cristo falava com autoridade, porque nele não havia contradição entre o que dizia e o que vivia na prática, no dia a dia. Cultivando essa verdadeira sabedoria de vida, as comunidades cristãs orientadas pela "Carta aos Efésios" eram animadas: "Estejam, portanto, bem firmes: cingidos com o cinturão da verdade, vestidos com a couraça da justiça" (Ef 6,14).

12. "Sois membros uns dos outros!"

Maravilhoso ver afirmar um texto bíblico da última década do século I, muito antes do reconhecimento da interdependência entre as pessoas e todos os seres vivos da criação: "Sois membros uns dos outros!" (Ef 4,25b). Isto é, ninguém é uma ilha, ninguém é autossuficiente, ninguém é independente. Podemos e devemos ser autônomos/as, mas independentes não. Todos nós somos interdependentes uns dos outros. Ai de nós sem os outros!

Portanto o outro (meu próximo, minha próxima), a alteridade, é que garante meu viver em abundância. É na relação dialógica, amorosa e respeitosa com o outro que revelo minha verdade, meu ser autêntico. O fechamento em si é mentira, é caminho de morte, pois aniquila a nossa humanidade.

13. Roubo de nenhuma espécie

Veja outra sabedoria libertadora que a "Carta aos Efésios" nos dedica: "Quem roubava, não roube mais; ao contrário, ocupe-se trabalhando com as próprias mãos em algo útil, e tenha assim o que repartir com os pobres" (Ef 4,28). Eis outra exortação eminentemente ética da "Carta". Óbvio que o sentido de "quem roubava, não roube mais" não se restringe à subtração de coisas das pessoas em uma sociedade desigual, o que comumente se entende como roubo, mas se refere além disso às relações sociais escravocratas que se reproduziam cotidianamente em todas as províncias e colônias do Império Romano. A força de trabalho e a dignidade das pessoas eram roubadas quando se submetiam as pessoas à escravidão e elas eram forçadas a trabalhar sem nada receber além de uma alimentação precária. Pelo pagamento de uma pesadíssima carga tributária e uma série de taxas também se roubava o povo de forma brutal. Atualizando esta exortação a superar relações de roubo temos que dizer que, em uma sociedade capitalista, a classe dominante rouba, diariamente, a classe trabalhadora de mil formas: pela mais-valia que impõe o pagamento de salário, que é apenas o *sal* para manter o/a trabalhador/a vivo/a para ser explorado/a no dia seguinte; pelo exagero de impostos embutidos em tudo o que se compra; pelo *cativeiro da terra* e por falta de políticas públicas, o que impede o acesso a terra, moradia adequada, saúde, educação, arte e cultura e a um meio ambiente sustentável. Todos esses tipos de roubos são repudiados pela "Carta aos Efésios".

14. Trabalho que dignifica, sim!

Em uma sociedade escravocrata como a do Império Romano, onde estavam as primeiras comunidades cristãs, onde "trabalhar com as próprias mãos" é coisa de pessoa escravizada, o autor da "Carta aos Efésios" propõe revolucionar as relações sociais e aponta que todos/as têm a mesma dignidade, e por isso "trabalhar com as próprias mãos" deve ser postura ética para todas as pessoas, não apenas para quem está escravizado. Nas entrelinhas, a "Carta" propõe subverter as relações sociais e aponta que o caminho é a igualdade e a equidade entre todas as pessoas. Por isso prescreve "trabalhar com as mãos, mas em coisa útil" (Ef 4,28), que gere vida, diríamos hoje. Necessário se faz compreender como se dão as relações de trabalho e capital na nossa sociedade capitalista com idolatria do mercado. Temos que reconhecer que a pessoa se faz humana trabalhando, pois pelo trabalho produz bens gerais necessários à vida. Mas trabalho é noção contraditória, tem verso e reverso. Pelo verso, o trabalho é engendrador de riqueza genérica humana, mas, pelo reverso, é mercadoria que gera acumulação de capital. O filósofo Karl Marx afirma o trabalho como um fazer criativo (*poiesas*, em grego, significa poético) e denuncia o trabalho escravizador (*doulos*, em grego, significa escravo). O trabalho pode se tornar uma matriz de pedagogia de emancipação humana desde que a classe trabalhadora e o campesinato se libertem da exploração que usa a força de trabalho para acumular mais-valia e reproduzir o sistema do capital. O ser humano é criador de si mesmo não sozinho, mas em comunhão de classe injustiçada, emancipa-se quando conquista condições materiais históricas que possibilitem desenvolver o seu infinito potencial humano. Na sociedade capitalista há um antagonismo, uma contradição entre o trabalho proletário criador e a concepção capitalista do trabalho.

A responsabilidade social é apontada como critério do agir ético: "e que assim tenha para repartir com os pobres" (Ef 4,28). Assim o autor da "Carta" solapa a ideologia dominante do Império Romano, que trombeteava aos quatro ventos a acumulação de riquezas, e orienta que, para se construir uma sociabilidade justa e ética, o agir humano não deve ter como finalidade o enriquecimento pessoal, mas a geração de justiça social regada pela solidariedade social. Ou seja, trabalhar para acumular, não! Trabalhar para viver e construir uma convivência social justa e ética, o que passa necessariamente pelo compromisso de resgatar quem está sendo roubado e injustiçado. Portanto, cidadania para todos/as é o que prega a "Carta aos Efésios".

15. "Andai no amor" (Ef 5,1), sem hipocrisia

A exortação "andai no amor" (Ef 5,1), "vivendo amor autêntico" (Ef 4,15) é eloquente porque coloca o amor no âmbito da ética, pois "andar" é agir, é comportar-se, é ter atitudes que concretizem as relações de amor. Não adianta dizer "te amo" se o amor não é demonstrado em atitudes, no agir e no comportar-se.

Na "Carta aos Efésios", o autor brada: falsas teologias, não! "Ninguém vos engane com palavras vãs" (Ef 5,6). As ideias que formam o mundo simbólico e espiritual no qual vivemos precisam ser ideias carregadas de palavras com senso de realidade e que orientem posturas humanizadoras e jamais ideias negacionistas, moralistas e fundamentalistas, que mais alimentam preconceitos e discriminações. Pensando nos nossos desafios atuais, faz bem reconhecer que o Brasil não é apenas branco. O Brasil é indígena, é afro, é exuberantemente plural em termos culturais e religiosos. Portanto uma postura ética de respeito, empatia, admiração e reverência diante do diferente, uma postura que não oprime, mas enaltece o tecido social, é o caminho a ser seguido por todos/as. Quem, por exemplo, manifesta postura racista, misógina, homofóbica, que advoga uma pretensa hierarquia entre as pessoas está "enganando e dizendo palavras vãs", segundo a "Carta aos Efésios".

"Comportem-se como filhos/as da luz. O fruto da luz consiste em toda bondade, justiça e verdade" (Ef 5,8b-9). Para não dar margem a espiritualismos vazios, o autor da "Carta" sempre explicita o sentido de várias exortações para o agir ético. Assim, comportar-se como filho/a da luz e não das trevas é ser pessoa bondosa, justa e verdadeira.

O autor da "Carta" cita, provavelmente, um ditado popular da época que dizia: "Desperte, você que está dormindo. Levante-se dentre os mortos, e Cristo o iluminará"

(Ef 5,14). No meio de relações escravocratas do Império Romano e em um contexto de grande idolatria com deuses para todos os gostos, como a deusa Ártemis em Éfeso, que legitimava uma tremenda mistura de comércio com *capa* religiosa, e chegando até ao absurdo da divinização do imperador, de reis e autoridades vassalas do sistema opressor, é gerado um ambiente social de profunda alienação e desumanização. Algo semelhante ocorre nos dias atuais com pessoas afundadas em pietismos, em espiritualismos, em ideologia da retribuição, agarradas a símbolos religiosos e que ao mesmo tempo discriminam pessoas, sendo racistas, homofóbicas, misóginas e chegando ao absurdo de tentar solapar as instituições democráticas, guiando-se por *fake news* que disseminam ódio e intolerância. Enfim, a "Carta aos Efésios" convida esse tipo de pessoa a despertar do sono que a hipnotizou. "Desperte da alienação em que você se meteu!", diz a "Carta aos Efésios" a muitos de nós atualmente.

A "Carta aos Efésios" aparentemente aceita o machismo, o patriarcalismo e a escravidão, mas se lermos todo o texto e não apenas pinçar versículos, veremos que a "Carta" advoga a superação do machismo ao apregoar: "maridos, amem suas esposas como a seus próprios corpos" (Ef 5,28); e senhores, "tratem bem seus escravos sem ameaças" (Ef 6,9), pois "o Senhor que está nos céus não faz distinção de pessoas" (Ef 6,9).

16. E agora, José e Maria?

Enfim, sob a ótica da ética, a "Carta aos Efésios" aparentemente pode ser usada por quem se interessa em disseminar discriminações, preconceitos e divisões e construir muros caso se faça dela uma leitura literal e fundamentalista, ou seja, pinçando versículos que interessam e interpretando-os fora do contexto, do pretexto e da integralidade da "Carta". Entretanto, se lida atentamente nas linhas e nas entrelinhas, considerando o contexto em que foi escrita e a finalidade para a qual foi escrita, concluímos que a "Carta aos Efésios" é um manifesto pedagógico, pastoral e teológico libertador, pois defende que é no agir que se faz a diferença.

Sintetizando o que vimos: nosso Deus age de forma libertadora. Tudo "em Cristo", pois, pelo que Jesus Cristo praticou e ensinou, de fato ele se tornou "pedra fundamental" inspiradora das relações humanas e sociais. Libertar "pelo sangue" não se trata de uma questão mágica ou ritualista, mas é libertar doando a vida. Somos todos/as da família de Deus, sem distinção. O comportamento digno que se espera de uma pessoa cristã é ter, na convivência social, posturas parecidas com as de Jesus Cristo, tais como ser pessoa humilde, autêntica, verdadeira, que luta pela justiça sendo justa, com a consciência de que "somos membros uns dos outros"! Roubo de nenhuma espécie, exorta-nos a "Carta". Trabalho que dignifica, sim; trabalho escravizado, não! "Andar no amor" (Ef 5,1), sem hipocrisia. Todas essas belezas éticas e espirituais estão nos seis capítulos da "Carta aos Efésios". Melhor que ler esse texto aqui é se debruçar sobre o texto da "Carta", ler, reler, tresler buscando luzes e forças divinas para nosso caminhar histórico.

Capítulo 5
Inspirações bíblicas na luta por direitos

Frei Gilvander Luís Moreira

1. Iniciando a reflexão

Há cerca de 520 anos, no Brasil existe e se reproduz cotidianamente o sistema capitalista, máquina de moer vidas. Com este sistema do capital, as condições objetivas para sustentar as injustiças agrária, social, urbana e ambiental são mantidas pelo Estado nos três poderes – Executivo, Legislativo e Judiciário – e pelo "quarto poder", o midiático. A classe dominante tem sempre comandado o Estado brasileiro. Neste contexto estrutural, a violação de direitos humanos fundamentais tem sido a regra, o que faz a desigualdade social e econômica só aumentar, chegando ao ponto de não apenas explorar a dignidade humana, mas superexplorar e também devastar todos os biomas na ganância sem fim de acumulação de capital. Entretanto, ao longo desses 520 anos, no Brasil também tem se travado resistências populares imprescindíveis: a resistência dos povos indígenas, dos negros escravizados (quilombos), Canudos com Antônio Conselheiro, Contestado, Ligas Camponesas, etc. Um dos motores que têm alimentado as resistências populares e a luta por direitos no seio do povo brasileiro tem sido a fé no Deus da vida, em Jesus Cristo no embalo do Espírito Santo. "Deus na guia", diz o povo. "Jesus é nosso irmão na caminhada", testemunham muitos. A dimensão religiosa, ambígua muitas vezes, se bem cuidada pode, sim, ser instrumento que potencializa a luta por direitos. Eis o que trataremos neste texto.

2. Deus e Jesus na história, o divino no humano

Estamos atualmente em contexto de vários tipos de idolatria: do deus mercado idolatrado e de muitos falsos pastores, sacerdotes hipócritas e líderes religiosos que, interessados em usar e abusar do nome de Deus para acumular lucro e capital, tentam reduzir Javé, Deus solidário e libertador, a um ídolo, tentando domesticá-lo e enquadrá-lo para justificar posturas fundamentalistas e moralistas, e políticas de morte.

Os capitalistas dogmatizam o mercado financeiro especulativo como se fosse um deus. Teto fiscal e responsabilidade fiscal são considerados tabus intocáveis. Mas onde está o teto social e a responsabilidade social para investir em políticas públicas que retirem 33 milhões de pessoas da fome e garantam reformas estruturais que nos levem a justiça agrária, social, urbana e ambiental? Neste contexto torna-se imprescindível reafirmarmos que o Deus do cristianismo é um Deus da história, quer dizer, age nas entranhas dos fatos e dos acontecimentos. O Deus da vida, mistério de infinito amor, não faz mágica. Desde que Deus, por infinito amor à humanidade, encarnou-se, o divino está no humano, permeia e perpassa as relações humanas e sociais. "Entre nós está e não o conhecemos"[1], cantam as Comunidades Eclesiais de Base (CEBs).

O Concílio de Calcedônia, no ano de 451, reconheceu Jesus Cristo com natureza *divina* e *humana*. Na década de 50 do século I, o apóstolo Paulo reconhece que Jesus é o Cristo, filho de Deus, mas "nascido de mulher" (Gl 4,4), ou seja, humano como nós, desenvolveu seu infinito potencial de humanidade. "Jesus, de tão humano, se tornou divino", dizia o papa João XXIII. "Não é ele o filho de Maria e José, o carpinteiro?" (Mt 13,55). Progressivamente na Galileia, na Samaria e na Judeia, Jesus se revela, à primeira vista em aparentes contradições, mas no fundo com tal equilíbrio que chama a atenção de todos. Assim, Jesus testemunha que Deus é mais interior a nós do que imaginamos. A mística *encarnatória* revela a pessoa humanamente divina e divinamente humana. "Quem me vê, vê o Pai" (Jo 14,9), diziam as comunidades joaninas na década de 1990 do século I.

Jesus, antes de se tornar mestre, foi discípulo. Antes de ensinar, aprendeu muito com muitos: com Maria e José, com o povo da sinagoga, com os vizinhos, amigos/as, com os acontecimentos históricos, com a natureza etc. Somos discípulos/as de Jesus Cristo, um jovem camponês da periferia que foi torturado e condenado à pena de morte pelos poderes de uma religião fundamentalista, de uma política opressora e de uma economia endeusada pelo Império Romano escravocrata. Somos discípulos de

---

[1]. Canção "Seu nome é Jesus Cristo", composição de Estéfano Rutuna, Jadiel e Nei Araújo.

um mártir condenado à pena de morte porque ensinava e testemunhava um jeito fraterno e solidário de viver e conviver. Feliz quem não esquece a vida, o testemunho e o ensinamento dos mártires. Jesus compreende a mulher acusada de adultério (Jo 8,1-11), mas ferve seu sangue de ira santa contra os vendilhões do templo (Mt 21,12-13; Mc 11,15-19; Lc 19,45-49; Jo 2,13-25).

A Teologia da Libertação afirma que a força e a luz humano-divina estão também na intra-história e não só em um Deus na extra-história. *Stricto sensu*, não há transcendência em contraposição à imanência, terreno das relações humanas, mas há trandescendência, que é o divino no humano e em toda a biodiversidade. "O espírito [*ruah*, em hebraico] de Deus está nas águas" (Gn 1,2). O sopro divino (*ruah*) agitava, revolvia, bailava, tocava, acariciava, abraçava, envolvia, chocava as águas. Javé respirava nas águas, namorava as águas. *Ruah* é algo intimamente ligado às águas, que agita de dentro para fora. *Ruah* e água não são duas realidades. Trata-se da mesma realidade sob ângulos diferentes. São *carne e unha*, inseparáveis. Em Gênesis 1,2b "água" é símbolo da realidade. Tudo é água, pois água está em todo ser vivo. Logo, não podemos entender água apenas no sentido físico como um recurso econômico hídrico. O/a autor/a bíblico/a quer dizer que o espírito de Deus está em tudo, permeia e perpassa tudo. Em tudo está uma aura de divino, de sagrado. Existe água não só nos rios, mas em tudo há água, em todos os corpos, em todos os seres vivos. A Terra é um grande ser vivo, chamada por muitos de Gaia. Todos os seres vivos integram, mantendo identidades próprias, em uma grande sinfonia, o ser maior: o planeta Terra, nossa única casa comum. Assim sendo, as pessoas de fé libertadora se engajam nas lutas coletivas por direitos também por uma motivação de fé. Eis o que segue.

3. Povo de fé na luta pela terra e por direitos

Uma profunda convicção de fé no Deus da vida – não em qualquer deus – anima a luta pela terra sob o protagonismo de muitos militantes do MST[2] e a maioria dos camponeses sem-terra, que se tornam Sem Terra. Isso nos é afirmado em vários depoimentos, nas celebrações e nos gritos de luta. Por exemplo, o camponês Ozorino Pires, aposentado, Sem Terra do Assentamento Dom Luciano Mendes, em Salto da Divisa, MG, confirma isso ao dizer:

> Nasci em Jordânia, MG, aqui perto, mas fui criado aqui no município de Salto da Divisa. Os fazendeiros dessa região acabaram com minhas forças. Trabalhei muito para eles, mas eles não conhecem a gente. Gostaram muito do meu suor. Eles só conhecem a gente na hora das eleições. A Escritura diz que a terra foi criada por Deus sem cerca e sem porteira para todo mundo viver dela. Somos filhos da terra e filhos de Deus. Por isso estou aqui junto com os companheiros e com a irmã Geraldinha na luta por um pedacinho de terra para a gente viver em paz até a hora de a gente ir para o cemitério. Estou lutando por essa herança. Deus não passou escritura de terra para ninguém.

Foi a fé em Javé, Deus solidário e libertador, que alimentou as lutas populares pela terra (Js 4–6; 8,30-35). O Deus Javé não é um deus neutro; Javé tem lado, o lado

---

2. Movimento dos Trabalhadores Rurais Sem Terra: <https://mst.org.br/>.

dos oprimidos. Javé faz opção de classe, a dos escravizados (Ex 3,7-9). Mas o que é fé segundo a fina flor da Bíblia? Trataremos disso a seguir.

4. O que é fé segundo a Bíblia?

No sentido bíblico, fé não é crença em dogmas e doutrinas, mas trata-se de coragem e confiança existencial em si mesmo, nas/os companheiras/os e em um mistério maior que nos envolve. Quando, por diversas vezes, nos relatos de milagres nos evangelhos da Bíblia, se coloca na boca de Jesus "Tua fé te salvou", não se está querendo afirmar nenhuma crença em dogmas e doutrinas, mas está se afirmando uma postura existencial de coragem e confiança na luta pessoal, comunitária ou coletiva de que é possível superar os problemas, por maiores que pareçam. "Fé na luta!", dizem os/as militantes do MST, dos Movimentos Sociais e os/as agentes das pastorais sociais.

A fé em si mesma é algo ambíguo, pode emancipar ou explorar. No fundo, não basta ter fé. Depende que tipo de fé se cultiva. A questão central não é ter ou não ter fé, mas que tipo de fé ter ou não ter. Importa incorporar uma fé emancipadora como instrumento que pode levar à conscientização do valor da vida e a não submissão às condições de opressão, pois de tanto obedecer adquire-se reflexos de submissão. Trata-se de ter a fé *de* Jesus Nazaré e não apenas ter fé *em* Jesus.

As necessidades materiais são o que *dá mais liga* para a coesão interna entre os Sem Terra ou Sem Teto em uma ocupação até a conquista da terra e da moradia. O cultivo dos valores de uma fé libertadora tem certo grau de fôlego para sustentar a perseverança na luta pela terra, pela moradia e por outros direitos humanos fundamentais na perspectiva de um projeto socialista. No Brasil e na América Latina, com um povo religioso, é impossível fazer revolução socialista sem a Bíblia interpretada considerando os oprimidos da história e ignorando a dimensão de fé das pessoas, mas fé libertadora no Deus que age nas entranhas da história. Entretanto uma pergunta precisa ser levantada: que tipo de líder religioso contribui com a libertação do povo? Abordaremos isso a seguir.

5. Que tipo de líder religioso contribui com a libertação do povo?

O povo percebe que há padres e pastores profundamente diferentes e até contraditórios. Como podem padres ou pastores ler o mesmo texto bíblico e tirar conclusões opostas e até antagônicas? O filósofo Friedrich Engels, em *A guerra camponesa na Alemanha*, entende que o clero – coletividade de sacerdotes – é integrado por um corpo socialmente heterogêneo. Assim diz Engels sobre o clero:

> em certas conjunturas históricas, dividia-se internamente segundo sua composição social. É dessa forma que, durante a Reforma, temos por um lado o alto clero, cúpula da hierarquia feudal, e pelo outro, o baixo clero, que dá sustento aos ideólogos da Reforma e do movimento revolucionário camponês (ENGELS, apud LÖWY, 2007, p. 302).

Guardadas as devidas e evidentes diferenças, essa análise de Engels se verifica também no Brasil, pois uma pequena parcela do clero, com postura crítica, de protesto e subversiva, está comprometida com a luta por direitos humanos fundamentais dos povos superexplorados: luta pela terra, por moradia, por território e por muitos outros direitos sociais e pela superação do racismo estrutural. Referimo-nos aos sacerdotes que acompanham as Comunidades Eclesiais de Base (CEBs), as Pastorais Sociais (CPT[3], CIMI[4], Cáritas, Pastoral Operária, Pastoral dos Migrantes, Pastoral da Criança, Pastoral da Ecologia, Pastoral Afro, etc.) e os Movimentos Sociais Populares, inspirando-se na Teologia da Libertação e na leitura bíblica feita pelo Centro Ecumênico de Estudos Bíblicos (CEBI)[5]. Mas a maioria dos padres cultiva e fomenta uma religião burguesa, isso por meio de modelos religiosos espiritualizantes, moralistas, com visão funcionalista da sociedade, legitimando, por consequência e muitas vezes inconscientemente, a opressão e a superexploração perpetrada pelo capital e pela classe dominante. Engels entendeu a distinção entre a religião historicamente constituída e as primeiras comunidades cristãs, que eram formadas basicamente, salvo exceções, por pessoas da classe trabalhadora, entre as quais os *escravos do campo* e os *escravos domésticos*[6], camponeses endividados e pessoas livres com direitos negados.

---

3. Comissão Pastoral da Terra: <https://www.cptmg.org.br/portal/>.

4. Conselho Indigenista Missionário: <https://cimi.org.br/>.

5. Centro Ecumênico de Estudos Bíblicos: <https://cebi.org.br/> e <https://cebimg.org.br/>.

6. Eram tratados com menor severidade que os escravos do campo.

O apóstolo Paulo afirma, na primeira Carta à comunidade cristã de Corinto, a existência do povo trabalhador nas primeiras comunidades cristãs: "Não há entre vós nem muitos sábios aos olhos dos homens, nem muitos poderosos, nem muita gente de família distinta" (1Cor 1,26). O poeta romano Juvenal expõe a crueldade e a brutalidade da escravidão no Império Romano: "Para sua casa trêmula, era um monstro, nunca tão feliz como quando o torturador estava em ação e algum pobre escravo que roubara um par de toalhas estava sendo marcado com um ferro em brasa" (JUVENAL, *Sátiras*, 14,18-22). "Varas foram quebradas nas costas de uma vítima, a chibata deixou listras de sangue em outra, uma terceira foi açoitada com um chicote de nove tiras. Algumas mulheres pagam um salário anual aos açoitadores" (JUVENAL, *Sátiras*, 6,479-480). No interior do Império Romano, ao viver em comunidade e buscar colocar tudo em comum, as primeiras comunidades cristãs tentaram experimentar um tipo de "comunismo primitivo".

Em suas *Contribuições à história da cristandade primitiva*, Engels assinala uma diferença essencial entre as primeiras comunidades cristãs e o socialismo: "Os cristãos primitivos escolheram deixar sua libertação para depois desta vida enquanto que o socialismo localiza sua emancipação no futuro próximo deste mundo" (ENGELS, apud LÖWY, 2007, p. 303). Na mesma esteira dialética, a Teologia da Libertação apresenta pequena variação dessa perspectiva de Engels, pois aponta que as primeiras comunidades cristãs, ao buscar colocar tudo em comum, já iniciavam a experiência do reino de Deus – sociabilidade sem opressões –, que deve começar no *aqui e agora*, mas não termina aqui nem agora. E também, pela prática comunitária da antiacumulação, as primeiras comunidades cristãs infiltravam no tecido social um germe de subversão à acumulação de riquezas, base da engrenagem do sistema do imperialismo romano.

Engels trouxe à luz o potencial de protesto revolucionário de segmentos religiosos, o que abriu pistas para o nascedouro da Teologia da Libertação que, ao usar o materialismo histórico-dialético para analisar a realidade, busca compreender os conflitos e as injustiças sempre considerando o/a trabalhador/a injustiçado/a, colocando em prática a opção pela classe trabalhadora e pelo campesinato. Compreender como se dão e acontecem as relações sociais em uma sociedade capitalista é imprescindível na luta por direitos humanos fundamentais e também, é óbvio, para se viver de forma autêntica o Evangelho de Jesus Cristo. A seguir trataremos disso.

6. **Capitalismo é idolatria do mercado?**

Não vivemos em uma sociedade socialista nem comunista. Estamos, sim, dentro de uma sociedade capitalista: sociedade de classes, onde a classe dominante busca sempre acumular capital, e para isto superexplora a classe trabalhadora, que é base da sociedade. Em uma sociedade capitalista, os falsos favores trombeteados aos quatro ventos como se fossem valores são a propriedade privada capitalista (acumular cada vez mais), a competição, o consumismo e o individualismo. Tudo isso é totalmente contraditório com o que os profetas e profetisas da Bíblia e Jesus Cristo pedem de nós. O capitalismo é sim, na prática, idolatria do mercado e do capital. Portanto, ser pessoa cristã em uma sociedade capitalista implica e exige ser anticapitalista, o que passa necessariamente por viver a vida segundo o princípio da misericórdia, colocando o outro, principalmente o empobrecido, como orientador da nossa forma de pensar e agir. Priorizar a luta pelo bem comum, viver em comunidade, superar o egocentrismo e não cair nas seduções do individualismo e nem do *comprar, comprar* e *acumular, acumular*, pois quem se isola e se reduz a ser consumidor no mercado idolatrado se consome aos poucos e morre lentamente de muitas formas. Viver é belo, mas conviver e lutar pelo bem comum é mil vezes melhor. "Quem não vive para servir não serve para viver", diz a sabedoria popular.

Como explicitação concreta da perspectiva religiosa questionada por Karl Marx – "religião como ópio do povo" –, podemos citar o seguinte episódio: um cozinheiro dos frades carmelitas em Houston, Texas, nos Estados Unidos, nos disse em agosto de 1997: "Sou latino-americano, mas participei da guerra do Vietnã defendendo os Estados Unidos e Deus". Enquanto nos narrava sua experiência na guerra do Vietnã, ele retirou do bolso uma nota de dólar, mostrou-nos e disse:

> Está escrito aqui "In God we trust" (= Em Deus nós acreditamos). Lá no Vietnã era a guerra entre o mundo ateu e o mundo crente, a guerra entre Deus e o demônio. Estávamos lá defendendo não apenas os Estados Unidos, mas Deus. Queríamos evitar que os ateus comunistas e o mal tomassem conta do mundo.

Ao ouvir isso, boquiabertos, entendemos que, ao se declarar teoricamente ateu, o *socialismo real* traiu a filosofia de Karl Marx, pois entregou um argumento de ouro aos capitalistas que, ateus na prática, se sentem defensores de Deus na Terra, mas na realidade são arautos de um ídolo: o deus capital/mercado.

O exemplo citado acima demonstra que religião pode libertar ou oprimir. Sobre isto trataremos a seguir.

7. Religião libertadora ou opressora?

A dimensão religiosa é uma das dimensões que integram a condição humana. Não é a religião em si que gera jugo ou libertação, mas as pessoas que, para atender seus interesses próprios, sua sede de poder, a usam para dominar, explorando a fé do povo, ou para, em comunhão com a luta coletiva à luz da Palavra de Deus na Bíblia e na realidade, buscar caminhos de transformação e libertação. Portanto, há muitas formas de acolher ou não, de lidar com a dimensão espiritual da vida. Ao longo da história da humanidade, muitos tipos de religiosidade têm sido usados como armas de violência sutil que legitimaram grandes massacres e genocídios. Entretanto, outros modelos de religiosidade têm impulsionado ao longo da história processos de luta pela superação de opressões e explorações. Tenhamos a grandeza de cultivar nossa dimensão espiritual conectada com as lutas por justiça, por direitos humanos, sociais e ambientais, assim Jesus Cristo testemunhou e nos ensinou. Que nossa dimensão religiosa seja instrumento de humanização e libertação, e não jugo que oprime, explora e mata.

O sentido mais profundo de religião é religar-nos com Deus, o mistério de infinito amor que nos envolve, religar-nos com o próximo e com todas as criaturas que compõem a comunidade de vida na nossa única casa comum, que é o planeta Terra. Nesse sentido, nosso Deus não é um Deus neutro, omisso nem cúmplice diante das injustiças. A Bíblia respira profecia de ponta a ponta, do Gênesis ao Apocalipse. Na experiência fundante dos povos da Bíblia estão as parteiras no Egito fazendo rebelião, desobediência civil, política e religiosa diante de um decreto-lei do faraó que mandava matar as crianças do sexo masculino. Diante de uma política de morte, as parteiras se rebelaram e o Deus solidário e libertador ficou feliz com a posição das parteiras. Assim se iniciou o processo de libertação dos povos escravizados debaixo do imperialismo dos faraós no Egito. Nos quatro evangelhos da Bíblia há a narrativa sobre Jesus expulsando os vendilhões do templo (Mt 21,12-13; Mc 11,15-19; Lc 19,45-49; Jo 2,13-25).

Foi com rebelião religiosa, política e econômica que se iniciaram os processos de libertação dos povos da Bíblia. As pessoas religiosas são convidadas a serem luz nas trevas, fermento na massa e sal na comida para construirmos uma sociedade justa economicamente, solidária socialmente, sustentável ecologicamente e respeitosa diante da imensa diversidade cultural e religiosa. Entretanto, usar a religião para se promover politicamente e para se enriquecer não é justo, é traição à aliança com o Deus da vida e negação do Evangelho de Jesus Cristo. Faz-se necessário compreender que a Bíblia repudia todo tipo de idolatria. Trataremos disso a seguir.

8. A Bíblia repudia todo tipo de idolatria

Na Bíblia e na fina flor de todas as religiões há um rechaço veemente à idolatria, que é adorar ídolos. A pior idolatria é tentar domesticar o Deus verdadeiro, amordaçá-lo e usar linguagem religiosa com objetivo escuso de manipular a fé das pessoas para fins de obter poder político e enriquecer-se. Os profetas e profetisas bradam contra a idolatria. Segundo a profecia de Oseias, os sacerdotes são os grandes culpados pela violência reinante. O povo percebe que os sacerdotes haviam se transformado em assassinos e se comportavam como bandidos em emboscada (Os 5,9). Diante dessa dramática máfia religiosa e política, o povo, passando por um processo sofrido de conversão, conclui, voltando-se para o Deus Javé: "é em Ti que o órfão encontra misericórdia" (Os 14,4). A hipocrisia e o cinismo dos sacerdotes na condução do culto fazem o povo descobrir que o caminho para a libertação não passa pelos sacrifícios, mas pela misericórdia. A conclusão é: "Misericórdia, sim; sacrifício, não!" (Os 6,6).

A Bíblia atesta o repúdio veemente dos profetas e das profetisas à idolatria, ou seja, o adorar e servir a outros deuses, ídolos construídos por mãos humanas e que exigem sacrifícios das pessoas ludibriadas em rituais religiosos por meio dos quais se acumulam ofertas, dízimo etc., o que resulta em *sacos de dinheiro* para falsos sacerdotes e pastores mercenários. Imbuídos/as de ira santa, os profetas e as profetisas bíblicas bradam: "Os ídolos deles são prata e ouro, obras de mãos humanas" (Sl 115,4; Lv 19,4; Dt 4,28; Is 40,19-20; Os 8,6; Hab 2,18-20; At 19,26; Ap 9,20 e muitas outras passagens bíblicas). A mais letal de todas as idolatrias é tentar domesticar o Deus da vida, mistério de infinito amor, e usá-lo para tentar criar um verniz de bondade e humanidade em opressores travestidos de bons samaritanos. Diante desses, possuído por uma ira santa e profética, Jesus Cristo resolver dar um basta e expulsou os mercadores do templo (Mt 21,12-13; Mc 11,15-19; Lc 19,45-49; Jo 2,13-25).

A palavra/princípio básico do decálogo bíblico é: "Não matarás!" (Ex 20,3). Não merece o voto de uma pessoa que busca ser humana – respeitosa, justa e solidária – um candidato que faz propaganda, fazendo alusão ao uso de armas, e que coloca um fuzil nas mãos de uma criança dizendo que é melhor do que feijão. Quem faz isso pisoteia na fina flor da Bíblia que nos exorta a construirmos uma sociedade com justiça e paz, com vida em abundância para todos/as (Jo 10,10). As pessoas cristãs, sejam católicas ou evangélicas, não devem defender nem votar em candidatos que seguem a idolatria do dinheiro, nem seguir os pastores empresários da fé, que são traidores do Evangelho de Jesus Cristo, que viveu ensinando e testemunhando que ético é viver se doando aos outros na luta pelo bem comum e pela construção do reino de Deus a partir do aqui e do agora, o que passa necessariamente pela construção de condições objetivas que garantam vida e liberdade para todos e todas, sem discriminação.

Um tipo grave de idolatria é usar o nome de Deus em vão. Refletiremos sobre isto também a seguir.

9. Não usar em vão o nome de Deus

Ai de quem usa em vão o nome de Deus e abusa de versículos, citando-os para tentar legitimar posturas que geram discriminação, opressão, injustiça, violência e morte de muitas formas! Sendo um camponês indignado diante da injustiça agrária, social e urbana, o profeta bíblico Amós brada:

> Escutem, exploradores dos vulneráveis, opressores dos pobres do país! Vocês ficam maquinando: quando vai passar a festa da lua nova para podermos pôr à venda o nosso trigo? Quando vai passar o sábado para abrirmos o armazém para diminuir as medidas, aumentar o peso e viciar a balança, para comprar os fracos por dinheiro, o necessitado por um par de sandálias, e vender o refugo do trigo? (Am 8,4-6).

Essa veemente profecia se encaixa perfeitamente em uma legião de pastores e padres que usam e abusam do poder religioso que têm para se enriquecer, curtir vida luxuosa, enquanto viram as costas para o povo injustiçado.

A história da humanidade demonstra que vem de longe o uso em vão do nome de Deus e o abuso da dimensão de fé das pessoas por políticos dominadores e opressores dos povos. No seu sentido mais original, todas as religiões buscam humanizar as pessoas religando-as com o mistério de amor e respeito que nos envolve – Deus invocado com muitos nomes –, religar-nos com o/a próximo/a, com todos os seres vivos e com nosso eu mais profundo. Entretanto, ao longo da história, as religiões se tornaram instituições com doutrinas e dogmas, e seus sacerdotes, funcionários que muitas vezes as degeneram e as usam para galgar poder econômico, político e posições privilegiadas de *status* na sociedade. Quem tem poder religioso pode oprimir e explorar muito mais do que quem tem poder econômico, pois pode controlar consciências, comportamentos, atitudes e o mais profundo das pessoas de fé. Na Bíblia, nos livros de Juízes, nos capítulos 19 a

21, e em Oseias, sacerdotes (chefes religiosos) promovem guerra fratricida estimulando a violência entre irmãos e irmãs, usando em vão o nome de Deus. Idolatria religiosa oprime e explora a dignidade humana.

Sempre ao longo da história, os ditadores e tiranos usaram e abusaram da dimensão de fé das pessoas e invocaram o nome de Deus em vão. Os imperadores do sanguinário, opressor e repressor Império Romano se consideravam deuses e exigiam o culto ao imperador. Na época em que foi escrito o livro do Apocalipse, nos anos 54 a 110, os imperadores Nero e Domiciano impuseram brutal tribulação às primeiras comunidades cristãs e ao povo escravizado. Esfolaram brutalmente o povo com mais tributação, perseguição e repressão. Muitos líderes das comunidades foram presos, torturados e mortos. Ao escrever o livro do Apocalipse, seu autor teve que usar nome falso, João, para não ser torturado e morto. Muitas pessoas foram martirizadas, como os apóstolos Tiago e Paulo. Também foi martirizado Antipas, "fiel seguidor de Jesus Cristo", membro da comunidade cristã de Pérgamo (Ap 2,13).

A história da humanidade mostra que muitas vezes o povo, cegado em atitude suicida, elegeu seus próprios algozes. Isto aconteceu quando o povo, manipulado por quem usava em vão o nome de Deus, arvorando-se como defensor de *Deus, Pátria, Família e Propriedade*, elegeu Benito Mussolini, Adolf Hitler e o general Franco, que se tornaram nazifascistas sanguinários. A história demonstra que um gato pode levar os ratos a caírem na ratoeira. Uma rede diabólica de *fake news* tem o poder de hipnotizar muita gente.

No Brasil atualmente pode ser aplicada a crítica contundente de Marx ao protestantismo, guardadas as devidas e evidentes diferenças, ao (neo)pentecostalismo que campeia no meio das massas via igrejas eletrônicas – igrejas empresas – propagandeando a Teologia (ideologia) da Prosperidade[7], que por sinal é questionada com ardor no livro de Jó, na Bíblia, segundo interpretação bíblica na linha da Teologia da Libertação. Ao vivenciar uma experiência humana que o sacode visceralmente, Jó descobre que Deus, que é mistério de infinito amor, não o ama enquanto ele é rico, sadio e tem família, mas que mesmo perdendo riqueza, saúde e família, é no reino da gratuidade que o amor de Deus acontece. Deus não nos abandona jamais. Assim, Jó refaz sua experiência de Deus na vida: "Antes eu te conhecia só por ouvir dizer, mas agora meus olhos te veem" (Jó 42,5).

A classe dominante, com política econômica neoliberal que propõe incluir os excluídos pelo consumo, sacerdotes e pastores de igrejas da Teologia da Prosperidade, mercantilizada sob um manto religioso nas igrejas (neo)pentecostais, estão solapando não só a luta pela terra e pela moradia adequada, mas também a luta por muitos outros direitos sociais porque veiculam autoajuda e valorização da pessoa individualmente, alardeando a Teologia da Prosperidade como "um conjunto de crenças e afirmações, surgidas nos Estados Unidos, que afirma ser

---

7. Um dos estudos significativos sobre a Teologia da Prosperidade é a tese de Marcelo Silveira, na USP em 2007, na área de Letras: *O Discurso da Teologia da Prosperidade em Igrejas Evangélicas Pentecostais*. Disponível em: <https://teses.usp.br/teses/disponiveis/8/8142/tde-07022008-113110/publico/TESE_MARCELO_SILVEIRA.pdf>.

legítimo ao crente buscar resultados, ter fortuna favorável, enriquecer, obter o favorecimento divino para sua vida material ou simplesmente progredir" (CAMPOS, 1997, p. 363). Dizem que prosperar individualmente, isoladamente, tornando-se rico, é bênção de Deus; que quem mais oferta e paga religiosamente o dízimo, segundo certos pastores (neo)pentecostais e certos padres, será mais abençoado e terá crescimento econômico próspero. Buscando um *jeitinho brasileiro*, as massas acorrem aos templos (neo)pentecostais – parte deles está no interior da igreja católica também – que encenam curas e alardeiam a realização de milagres no sentido de mágicas que desrespeitam as leis da natureza e da história. O pagamento de dízimo, de ofertas e a compra de CDs, revistas, DVDs e muitos outros *penduricalhos* – dedicados ao ídolo do capital com capa religiosa – não são sentidos pelos fiéis como espoliação, mas como caminho para bênçãos pessoais, bênçãos para uns e não para todos, o que revela fé em um deus que discrimina, fé em um ídolo. Assim, nas igrejas pentecostais[8] e nas neopentecostais[9] se privatiza a fé e se usa e abusa do nome de Deus para lucrar e acumular capital sem medidas.

---

8. As principais igrejas pentecostais criadas no Brasil, a partir de 1910, são a Congregação Cristã no Brasil, a Igreja Evangélica Assembleia de Deus, a Igreja do Evangelho Quadrangular, a Casa da Bênção, a Igreja Pentecostal Deus é Amor e a Igreja Pentecostal O Brasil Para Cristo. Há centenas de outras igrejas pentecostais.

9. As principais igrejas neopentecostais – as que mais crescem ultimamente – criadas no Brasil a partir de 1976 são a Igreja Universal do Reino de Deus, a Igreja Internacional da Graça de Deus, a Comunidade Evangélica Sara Nossa Terra e a Igreja Apostólica Renascer em Cristo.

Faz bem analisarmos, na perspectiva da Sociologia da Religião, que tipo de prática religiosa liberta. É o que faremos a seguir.

10. Segundo a Sociologia da Religião, que tipo de prática religiosa liberta?

Para reconstruirmos a sociedade a partir das vítimas dos escombros e da devastação causada pelo capitalismo, com agronegócio e a extrema direita que insiste em voltar ao poder político no nosso país, tornou-se imprescindível compreendermos de forma libertadora o fenômeno religioso: questão religiosa, religiosidade, ideologia da prosperidade, religião reduzida a autoajuda, intimismo espiritual, moralismos e fundamentalismos com fundo religioso, uso em vão do nome de Deus para enganar as pessoas, lucrar e acumular capital. O contexto religioso atual integra tudo isso. Há também, graças às forças de vida, o fenômeno religioso libertador sendo vivenciado por milhares de Comunidades Eclesiais de Base (CEBs), Pastorais Sociais, Movimentos Sociais Populares e por pessoas que pertencem a religiões de matriz africana ou indígena.

A Sociologia da Religião explica em grande parte como compreender o fenômeno religioso em geral, mas a Teologia da Libertação também é imprescindível para a compreensão da dimensão religiosa do campesinato na luta pela terra e do povo marginalizado nas periferias das cidades na luta por moradia, pão e dignidade. O filósofo e sociólogo da religião Michael Löwy afirma:

> A emergência do cristianismo revolucionário e da Teologia da Libertação na América Latina (e em outras partes

do mundo) abre um capítulo histórico e eleva novas e excitantes questões que não podem ser respondidas sem uma renovação da análise marxista da religião (Löwy, 2007, p. 298).

Não é mais possível considerar a participação de sujeitos cristãos na luta pela terra como se fosse uma exceção dentro de uma igreja conservadora e opressora. Para muitos,

> a morte do padre Camilo Torres, que tinha se unido à guerrilha colombiana, foi considerada um caso excepcional, ocorrida em 15 de fevereiro de 1966. Mas o crescente compromisso de cristãos – inclusive muitos religiosos e padres – com as lutas populares e sua massiva inserção na revolução sandinista claramente mostrou a necessidade de um novo enfoque (Löwy, 2007, p. 298).

Digo mais: sem a participação de milhares de pessoas cristãs teria sido muito difícil e teria tardado muito mais o nascimento da Central Única dos Trabalhadores (CUT), do Partido dos Trabalhadores (PT), do Movimento dos Trabalhadores Rurais Sem Terra (o MST, que completou 40 anos em 2024) e de outros movimentos socioterritoriais que travaram a luta pela terra nas décadas de 1980 e 1990 e na primeira década do século XXI no Brasil. A partir da Teologia da Libertação, muitos pensadores na área da Teologia passaram a usar como método de análise da realidade o materialismo histórico-dialético, de Karl Marx, para analisar as contradições da realidade, explicitar as causas das injustiças sociais e, assim, convocar os/as injustiçados/as para o engajamento em lutas de emancipação política, social e humana. Por assumir esse compromisso, muitas lideranças cristãs foram assassinadas, martirizadas. Importante não esquecermos do legado profético que as pessoas martirizadas nos deixaram. Por isso citamos aqui os nomes de alguns padres, freiras e inclusive um arcebispo: padre Camilo Torres, na Colômbia, em 15 de fevereiro de 1966; padre Antônio Henrique Pereira Neto, auxiliar de Dom Hélder Câmara, em Recife, PE, em 27 de maio de 1969; padre Rodolfo Lukenbein e o indígena Borro Simão, na Terra indígena Merure, no Mato Grosso, em 15 de julho de 1976; Santo Dias da Silva, em São Paulo, em 30 de outubro de 1979; o arcebispo Dom Oscar Romero, em San Salvador, em 24 de março de 1980; irmã Cleusa Rody Coelho, em Lábrea, no estado do Amazonas, em 28 de abril de 1985; padre Ezequiel Ramin, em Cacoal, em Rondônia, em 24 de julho de 1985; padre João Bosco Burnier, em Ribeirão Cascalheira, no Mato Grosso, em 11 de outubro de 1976; padre Josimo Tavares, em Imperatriz, no Maranhão, em 10 de maio de 1986; padre Gabriel Maire, em Cariacica, no Espírito Santo, em 23 de dezembro de 1989; 19 trabalhadores Sem Terra do MST massacrados brutalmente pela Polícia Militar do Pará, na "Curva do S", em Eldorado dos Carajás, PA, em 17 de abril de 1996; irmã Dorothy Stang[10], em Anapu, no Pará, em 12 de fevereiro de 2005, etc. Em 34 anos, de 1985 a 2019, foram assassinados na

---

10. Ver em: <https://www.youtube.com/watch?v=1rwuGGn4w F4> a reportagem da TV Brasil, *Caminhos da Reportagem: Um sonho, a terra*, mostrando os conflitos agrários na região de Anapu, no Pará, onde foi assassinada a Irmã Dorothy Stang e onde atuam agentes de pastoral da CPT. Lá estão ameaçados de morte o padre Amaro Lopes Souza, Márcio Rodrigues, Geraldo Lourenço Pereira e as freiras Jane Dwyer e Kátia Webster (missionárias de Notre Dame e colegas de Dorothy Stang), dentre outros, todas/os companheiras/os da freira assassinada e que seguem firmes na luta pela terra e por direitos

luta pela terra no Brasil 1.483 camponeses, uma média de 43,6 camponeses por ano. Quase todas essas lideranças camponesas eram pessoas religiosas, de uma fé libertadora. Sentiam-se impelidas a se comprometerem com a luta pela terra também por uma motivação religiosa. A lista é muito grande, principalmente de leigas/os que se comprometeram com a caminhada das CEBs e abraçaram a luta pela terra na CPT, no MST ou no CIMI, ou em vários outros movimentos camponeses socioterritoriais. Não dá para citar todos.

Caiu no imaginário comum do marxismo vulgar que Marx seria ateu por considerar a religião como ópio do povo. Precisamos resgatar historicamente a evolução da compreensão da religião como ópio do povo. Quem a considerou assim, em qual contexto histórico e por quê? Fazendo sociologia marxista da religião, Michael Löwy coloca a questão religiosa como ópio, assim compreendida por vários pensadores antes de Marx. Diz ele:

> A conhecida frase "a religião é o ópio do povo" é considerada como a quintessência da concepção marxista do fenômeno religioso pela maioria de seus partidários e oponentes. O quão acertado é esse ponto de vista? Antes de qualquer coisa, as pessoas deveriam enfatizar que essa afirmação não é de todo especificamente marxista. A mesma frase pode ser encontrada, em diversos contextos, nos escritos de Immanuel Kant, J. G. Herder, Ludwig Feuerbach, Bruno Bauer, Moses Hess e Heinrich Heine. Por exemplo, em seu ensaio sobre Ludwig Borne (1840), Heine já a usava – de uma maneira positiva (embora irônica): "Bem-vinda seja uma religião que derrama no

---

sociais. Há muitos grileiros de terra e ameaçadores na região, entre os quais o fazendeiro Silvério Fernandes.

amargo cálice da sofredora espécie humana algumas soníferas gotas de ópio espiritual, algumas gotas de amor, esperança e crença". Moses Hess, em seu ensaio publicado na Suíça, em 1843, toma uma postura mais crítica (mas ainda ambígua): "A religião pode tornar suportável [...] a infeliz consciência de servidão [...] de igual forma o ópio é de boa ajuda em angustiosas doenças" (Löwy, 2007, p. 299).

Religião no sentido de ópio aparece no artigo de Marx *Sobre a Crítica da Filosofia do Direito de Hegel*, de 1844, onde Marx assim se expressa: "A angústia religiosa é ao mesmo tempo a expressão da dor real e o protesto contra ela. A religião é o suspiro da criatura oprimida, o coração de um mundo sem coração, tal como o é o espírito de uma situação sem espírito. É o ópio do povo" (MARX, apud LÖWY, 2007, p. 300). Aqui nesta citação fala o jovem Marx, discípulo de Feuerbach, ainda neo-hegeliano. Por isso trata-se *stricto sensu* de uma afirmação pré-marxista. Marx não tinha ainda desenvolvido o método do materialismo histórico-dialético, o que considera as relações sociais e materiais na sua totalidade como sendo as que geram todas as representações espirituais, morais, jurídicas, etc. Marx não falava ainda de classes sociais nem de luta de classes como sendo a espinha dorsal da sociedade capitalista. Mas Marx já percebia o caráter contraditório e dialético da religião como suspiro ou protesto, coração de um mundo sem coração, espírito de uma situação sem espírito.

Ao resgatar o Jesus histórico que viveu no nosso meio consolando os/as injustiçados/as, incomodando os opressores dos pobres, ensinando e testemunhando um jeito de conviver e de construir fraternidade real com justiça econômica, solidariedade social e partilha de poder político, a Teologia da Libertação dinamiza a dimensão libertadora do fenômeno religioso, o que passa por compreendermos a íntima relação que existe entre as dimensões espiritual e social do Evangelho de Jesus Cristo.

Considerando tudo o que já refletimos – e a análise que nos diz que, enquanto houver o cativeiro da terra, o povo estará cativo, ou seja, a libertação do povo passa necessariamente pelo desaprisionamento da terra e pela democratização do acesso a ela numa relação social e ecológica cuidadosa –, abordaremos a seguir a luta pela terra a partir do livro de Josué com algumas chaves de leitura.

11. Luta pela terra a partir do livro de Josué: chaves de leitura

Expropriados e forçados a se tornarem migrantes errantes por várias regiões, os povos da Bíblia tiveram que lutar muito pela terra, porque essa estava sequestrada nas mãos de faraós no Egito, reis das cidades-Estados de Canaã e senhores de terra que se apropriavam das áreas expropriando os camponeses. Assim, desrespeitavam o preceito bíblico de *Terra de Deus, terra de irmãos/ãs*. Se lermos de forma literalista e fundamentalista o livro de Josué, podemos tirar conclusões que justifiquem uma *guerra santa* e a violência em nome de Deus. O livro de Josué pode ser comparado a uma corda composta de vários fios diferentes, de épocas diferentes, ou a uma casa construída com tijolos de vários formatos de épocas diferentes. À primeira vista há uma exaltação de Josué como o grande líder e sucessor de Moisés. Isso provavelmente foi escrito para legitimar as reformas que o rei Josias – nome semelhante a Josué – estava tentando implementar de 640 a 609 a.C., época de um vazio político dos impérios, com o Império Assírio destroçado e o Império Babilônico ainda não erguido a ponto de poder controlar Canaã/Palestina.

Da mesma forma, Moisés não foi o único líder libertador dos povos escravizados sob as garras do imperialismo dos faraós, pois o movimento de libertação iniciou-se com as mulheres parteiras que fizeram rebelião diante de um decreto-lei do faraó que visava fazer controle de natalidade. Míriam foi outra grande libertadora dos povos escravizados no Egito. Assim também, na história real, a luta pela terra e na terra não teve uma liderança monopolizada por Josué. Inúmeros grupos escravizados e subalternizados pelo poderio das cidades-Estados foram protagonistas nas lutas empreendidas. Precisamos ler não apenas nas linhas, mas nas entrelinhas e por trás das linhas do livro de Josué para compreendermos as lutas acontecidas como processuais e diversas.

O livro de Josué abre a segunda parte da Bíblia Hebraica, os Profetas (*Nebiim* em hebraico) *anteriores*: Josué, Juízes, 1 Samuel, 2 Samuel, 1 Reis e 2 Reis. O livro de Josué não é história nem crônica jornalística, mas Teologia narrativa da conquista e da partilha da terra pelos povos escravizados, que se uniram e organizaram em aliança com Javé, o Deus solidário e libertador que ouve o clamor dos escravizados, desce, se alia às lutas libertárias e caminha com o povo na luta pela terra prometida (Ex 3,7-9). O nome Josué (*Yehoshu'a* em hebraico) significa *Javé salva, liberta, socorre*. Mais que ser uma pessoa, Josué representa um projeto: Javé liberta, tomando a terra dos opressores e a dando aos sem-terra que se unem, se organizam e lutam com fé, coragem, sem desanimar.

Nos primeiros doze capítulos do livro de Josué temos, em narrativa teológica, a luta pela conquista da terra prometida por Javé, o Deus do Êxodo. Josué 1–12 busca mostrar que o Deus Javé é mais poderoso que todas as divindades do Império Assírio. Na segunda parte de Josué, nos capítulos 13 a 24, temos a partilha e distribuição da terra conquistada. À primeira vista, a conquista da terra se deu de forma rápida, ininterrupta, global, total, como se tivesse acontecido em uma guerra relâmpago, e a sua partilha também, mas essa ideia de conquista rápida e global reforçava as intenções expansionistas do rei Josias (640 a 609 a.C.), época da primeira versão do livro de Josué. Importa recordar que o governo do rei Josias se dá em um momento histórico de certo vácuo de poder imperialista. O Império Assírio estava destroçado e o Império Babilônico ainda não estava mostrando suas garras expansionistas.

Observando as entrelinhas do texto do livro de Josué e também o livro de Juízes, percebemos que certamente a conquista da terra se deu de forma parcial em um processo complexo, longo e com vitórias e derrotas. A partilha também. No livro de Juízes, líderes do povo tidos como heróis são convocados por Javé para libertar territórios das garras de povos idólatras e opressores. Sansão, o último líder deles, foi convocado para libertar o território das garras dos filisteus e isso durou muito tempo, até o reinado de Davi (2Sm 8,1). Segundo o livro de Juízes, diferentemente do livro de Josué, a conquista da terra se deu de forma descentralizada, por meio da luta empreendida pelas tribos de forma autônoma sem coordenação de Josué. Em Juízes 1,21.27-36 temos uma lista de cidades e de territórios ainda não conquistados, todos da planície, exceto Jerusalém, que será conquistada apenas no início da monarquia (2Sm 5,6-12). As cidades da planície de Jezreel só foram conquistadas na época do reinado do rei Salomão, de 970 a 930 a.C. (1Rs 4,12; 9,15). Há contradições internas no livro de Josué também. Por exemplo, Josué 13,1b lamenta: "Ainda ficou muitíssima terra por conquistar". Em Josué 13,1-13 se faz a lista dos territórios não conquistados: "territórios dos filisteus, território de Acaron, grilado pelos cananeus". Bom lembrar que a fixação de limites territoriais interessava principalmente ao Estado para implementar cobrança de tributos (1Rs 4), para arregimentação de soldados para as guerras (2Sm 24) e para convocar trabalhadores para a corveia (1Rs 5,13ss). Para as comunidades tribais, limites de territórios pouco importavam. Há outras contradições no livro de Josué. Em Josué 18,10 quem reparte a terra em Silo é Josué sozinho para sete tribos. Contraditoriamente, em Josué 14,5 e 19,49 o povo todo participa na partilha da terra. Isto indica formas diferentes de reler a história com intenções diferentes. A assembleia de Josué 8,32-35, além dos homens, inclui mulheres, crianças e estrangeiros. No entanto, na *assembleia* de Josué 23, estrangeiros são excluídos (vv. 7-13; Esd 10; Ne 12-13). Essas diferenças indicam releituras com finalidades diferentes da história.

O livro de Josué reafirma o que está em Êxodo, Números e Deuteronômio: "a terra deve ser repartida como herança" (Js 13,6). E enfatiza: "Reparta a terra para ser herança" (Js 13,7). Exclui-se terminantemente a ideia da terra como mercadoria, passível de venda e compra. A luta pela terra é legítima apenas para usufruto, para passar de pai e mãe para filhos/as, netos/as, jamais por interesse de mercado.

Josué 14,1-5 refere-se à partilha da terra por sorteio. "A herança [terra] foi dada por sorte" (Js 14,2). Discernir qual o método e os critérios a serem seguidos na luta pela terra e na sua partilha é um desafio. Exige apropriar-se das lições da luta pela terra da história de muitos outros povos. Exige também ler e interpretar de forma sensata a conjuntura, escolher táticas e firmar estratégias. Por que partilhar a terra conquistada via sorteio? A partilha da terra não deve ser feita por eleição, mas por sorteio, pois não é mercadoria para ser negociada. Em Josué aparecem várias palavras para se referir à terra partilhada: sorteio, sorte, parte, quinhão, lote, *Goral*. A palavra *sorteio* aparece em Josué 14,2; 18,51; 21,4.5.6.8.10.20.40; 23,4; Lote/parte, em Josué 15,1; 16,1; 17,1.14.17; Sorte/lote, em Josué 18,6.8.10.11; 19,1.10.17.24.32.40. A meritocracia é refutada com veemência pelo Evangelho de Jesus Cristo. Em Mateus 20,1-17 se diz de forma enfática que trabalhadores que trabalharam 9 horas, 6 horas, 3 horas e outros apenas 1 hora receberam salário igual, "uma diária para cada um, começando pelos últimos" (Mt 20,8), pois o justo para Jesus se define a partir das necessidades das pessoas. Se todos os trabalhadores têm necessidades semelhantes, logo o justo é atribuir salário igual para todos/as. Normalmente na luta pela terra se combinam dois critérios principais: participação na luta e necessidade da família. Com estes dois critérios se faz o sorteio dos lotes conquistados. Para conquistar a terra e distribuí-la a todos por sorteio, segundo a necessidade de cada um/a, é preciso vencer os reis que a controlam, explorando quem nela trabalha. Na luta pela conquista da terra uma questão é muito importante, entre tantas outras: os líderes da luta pela terra podem receber terra? Veremos a seguir.

11.1. Os líderes da luta pela terra podem receber terra?

Segundo o livro de Josué, a tribo dos Levitas não recebe terra. "Aos levitas, porém, não deu nenhuma herança no meio dos outros" (Js 14,3). Isto é enfatizado: "E aos levitas não foi dada uma parte na terra" (Js 14,4). Os levitas tinham a missão de animar a comunidade, celebrar cultos, cuidar da dimensão religiosa e espiritual da caminhada e da luta. Não dar terra para os levitas é uma forma de dizer que os líderes espirituais precisam ser pobres. Não podem ter patrimônio, pois o lugar social, se não determina, pelo menos condiciona muito o jeito de pensar e agir. Ser pobre no meio do povo é o que dá uma santa autoridade para os levitas. Atualmente vemos como líderes religiosos que se deixam levar pelo conforto, pelo luxo e pelas regalias de riqueza acabam se tornando falsos profetas e sacerdotes hipócritas, muitas vezes lobos em pele de ovelha.

Não foram somente os hebreus escravizados sob o imperialismo dos faraós no Egito que se uniram, organizaram e fugiram das garras de relações sociais escravocratas, atravessando o Mar Vermelho e marchando 40 anos no deserto, e então lutaram e conquistaram

Canaã/Palestina, a terra prometida por Javé. Foram vários povos escravizados: a) os *hapirus*, mencionados nas cartas de Amarna (Egito; século XIV a.C.); b) os empobrecidos da cidade, do clã de Raab; c) pastores seminômades das estepes, endividados (*shasu*, mencionados em documentos egípcios); d) cananeus empobrecidos; e) povos de outras etnias também violentados na sua dignidade humana. Todos esses se articulam em clãs e tribos, primeiramente nas montanhas, livres dos reis das cidades-estados de Canaã.

A presença de *estrangeiros* na luta pela terra e na terra, no livro de Josué, está em sintonia com o que defende o Terceiro-Isaías (Is 56-66) e os livros de Rute e de Jonas, em discordância com Esdras e Neemias, que em tom de restauração primam pela pureza racial e ritual como condição para a reconquista da terra e a afirmação como *povo de Deus*.

Muito mais do que afirmar que o povo, com fé em Javé, conquistou e partilhou a terra prometida por Javé ao povo, o livro de Josué quer mostrar como, de que jeito, qual o caminho trilhado. Eis alguns exemplos. O livro de Josué enfatiza que Josué acolheu a voz de Javé e *se levantou*, de cabeça erguida, olhar firme, sem ficar enroscado em complexos de impotência (*Ah, se eu pudesse!*) ou de pequenez (*Quem sou eu!*, *Se eu tivesse poder?*). A exortação de Javé para Josué se levantar aparece várias vezes: "Levanta-te!" (Js 1,2; 7,10.13; 8,1). O livro de Josué mostra também que a coragem de lutar é imprescindível para a conquista da terra. "Uma pessoa corajosa vale mais que um exército", diz certa sabedoria popular. A exortação à coragem também aparece várias vezes: "Sê forte e corajoso!" (Js 1,6.7.9.18; 10,25). O livro de Josué mostra que *coragem* é o contrário do *medo*. Quem tem medo não tem coragem e não será exitoso na luta pela terra. A exortação a exorcizar o medo é enfatizada muitas vezes. "Não temas!" (Js 1,9; 8,1; 10,8; 11,6; 10,8; 11,6; 10,25). Entretanto, coragem não se adquire apenas com oração, mas na luta, que é o melhor remédio para expulsar o medo e infundir coragem. Quem entra para a luta coletiva pela terra e por qualquer direito humano pouco a pouco vai crescendo em coragem e perdendo o medo de se arriscar nas lutas justas e necessárias. Quem não luta vai sendo pouco a pouco tomado pelo medo e pelo desânimo. E a mística da luta pela terra? Tem importância ou não? É o que veremos a seguir.

11.2. Visão mística da luta pela terra

O livro de Josué se destina aos grupos sociais marginalizados de todos os povos escravizados. No livro de Josué, a palavra terra (*'erets* em hebraico) aparece 121 vezes (Js 1,2.4.6.11.13.14.15). A terra é também *'adamah* (Js 23,13.15), terra fértil, húmus, fonte de vida. A terra não pertence aos senhores deste mundo, mas a Deus (Js 3,11.13; 2,11; Ex 19,5; Lv 25,23; Dt 10,14; Sl 24,1-2; 97,5; Is 66,1-2). A terra é boa (Js 23,13.15.16), onde corre leite e mel (Js 5,6). É terra sagrada, como *santuário de Javé*, em que se entra com os pés descalços (Js 5,15; 24,26). Todas essas expressões indicam o que significa a terra para povos sem-terra, que têm a fé segundo a qual a terra é prometida por Deus a todos/as, mas que essa promessa não cai pronta do céu, exige-se luta para conquistá-la e socializá-la.

A terra é graça, é dom, é presente, é dádiva. Deus a *dá* a seu povo (Js 1,2.6.11.13.14.15; 2,9.14.24; 5,6; 9,24; 11,23; 12,6.7; 13,8.15.24.29.31.33; 14,3.12.13; 15,13; 17,4.14; 18,3.7; 21,43; 22,4.7; 23,13.15.16; 24,4.13.33). Essa mística é enfatizada à exaustão porque a realidade está sendo o oposto disso, terra privatizada em poucas mãos, seja de reis-cananeus, ou de imperialistas, ou reis constituídos por vacilo do povo.

A terra é dom, dádiva que se torna realidade na luta dos povos escravizados que se organizam. Javé, Deus solidário e libertador, age não de cima para baixo, de forma mágica, mas age em quem luta, testemunhando o projeto de Javé. A terra é dom na conquista, com uso de estratégias e táticas (Js 8), o que pode passar por espionagem (Js 2; 7,2), emboscada (Js 8), enganações (Js 9,3-18), alianças (Js 9), solidariedade (Raab e tribos do Além Jordão), a sagacidade dos gabaonitas que revela os critérios para aliança entre os empobrecidos: os indicativos de vulnerabilidade (Js 9,4-6).

A terra é "herança", *nahalah* em hebraico (Js 11,23; 13,6.7.8.14.23.28.32.33; 14,1.2.3.9.13.14; 15,20; 16,4.5.8.9; 17,4.6.14; 18,2.4.7.20.28; 19,1.2.8.9.10.16.23.31.39.41.48.49.51; 21,3; 24,28.30.32); usa-se ainda *herdar*, verbo NHL em hebraico (Js 1,6; 16,4; 17,6; 19,9.49.51); lote/parte/porção/*heleq* (Js 14,4; 15,13; 18,5.6.7.9; 19,9.22.25.27). Pela infinidade de vezes em que se repete no livro de Josué que a terra é herança, podemos concluir que reafirmar a terra enquanto *herança* é uma forma de refutar com veemência o aprisionamento da terra em poucas mãos gananciosas, que a expropriam dos camponeses posseiros. Afirmar e reafirmar de forma peremptória que a terra é herança é dizer que a terra não é mercadoria a ser comercializada, pois é presente, dádiva de Deus. Herança é apenas para posse e usufruto coletivo a ser exercido pelos/as herdeiros/as com responsabilidade social, ambiental e geracional (1Rs 21,3; Lv 25,23; Nm 36,7); pelas tribos (79 vezes: *shebéth*, 32 vezes, e *matheh*, 47 vezes), pelos clãs/famílias/casas (*mishpahah* em hebraico, 47 vezes, e *bayt*, 24 vezes), o que está na linha da agricultura familiar camponesa.

Segundo a vontade de Javé, a terra precisa ser partilhada (*HLQ*, verbo em hebraico: Js 13,7; 14,1.5; 18,2.5.10; 19,51; 22,8), não por mérito nem por critérios de um Estado cúmplice do latifúndio e do *status quo* opressor, mas segundo as necessidades (Nm 26,52-56; 33,53-54).

O livro de Josué acentua que o exercício do poder prima pela participação popular. As decisões são tomadas em assembleia, em reunião, em comunidade (*qahal*, em hebraico: Js 8,35; *'edah*, em hebraico: Js 9,15.18.19.21.27; 18,1; 20,6.9; 22,12.16.17.18.20.30). Na participação popular, as mulheres geralmente são destaque, como veremos a seguir.

11.3. Mulheres no volante da luta pela terra

Na época do pós-exílio, o movimento de mulheres, autoras dos livros de Rute e Cântico dos Cânticos (400 a.C.), pode ter inserido os relatos sobre Raab no livro de Josué (Js 2; 6,17.22-25). Em Josué 2 temos a saga de Raab, em que o clã de uma mulher marginalizada por sua condição social se alia aos hebreus para derrubar a classe dominante da cidade e construir uma sociedade alternativa (Js 6,17.22-25). A saga de Raab aglutina inúmeras experiências de grupos cananeus submetidos a relações sociais escravocratas (*hapirus*) que se integram no povo hebreu liberto por Javé da escravidão.

Em Josué 2, Raab é duplamente oprimida por ser mulher e por ter sido empurrada para a prostituição. A cidade-Estado Jericó precisa de Raab, mas como objeto de prazer, coisificada, violada na sua dignidade humana. Ela representa os explorados da cidade-Estado, diríamos hoje, das cidades-mercado; se alia aos camponeses expropriados e transformados em sem-terra porque está indignada com a opressão que se abate sobre si mesma e sobre seu clã. Raab vê no movimento dos rebeldes uma alternativa de construção de relações sociais justas que vá resultar em libertação para ela e para os explorados da cidade inclusive. A mulher entende que não pode continuar submissa à opressão da cidade nem ficar neutra diante do iminente embate entre o *status quo* da cidade opressora e os revoltosos vindo das montanhas e do deserto.

Pressupondo que o capítulo 1 de Josué tenha sido acrescentado posteriormente, teremos o início do livro de Josué, na primeira versão, em Josué 2 com a emblemática narrativa popular em forma de saga sobre Raab, que acolhe e protege os espiões, com muita astúcia adere à fé em Javé e é ao final preservada, ela e todo o seu clã. Essa narração logo no início do livro de Josué pode indicar que, de fato, a luta pela terra, ao se tornar exitosa, não tenha implicado na eliminação de todos os habitantes, mas apenas deposto a classe dominante do poderio escravocrata que exercia sobre os grupos marginalizados nas periferias da cidade e nas rurais montanhosas. Josué 2, por ser do gênero literário *saga*, indica que a narrativa de Raab representa as experiências congêneres de vários grupos: os escravizados sob o imperialismo dos faraós no Egito, os camponeses empobrecidos e seminômades surrados pelas cidades-Estados sob o arbítrio dos reis cananeus, e grupos urbanos explorados representados por Raab. Javé liberta todos esses povos subalternizados e agora irmanados para conviverem de forma fraterna e respeitosa.

As narrativas sobre Raab, a estrangeira prostituída (Js 2,1-21; 6,22-25), propõem a superação de um *povo de Deus* etnocêntrico e a abertura a *povos de Deus* irmanados na luta pela terra e pela sua partilha.

O livro de Josué nos informa que várias outras mulheres conspiravam irmanadas na luta pela terra, assim como Raab. São elas: Acsa, filha de Caleb, que reivindica terra com poços (Js 15,16-19; Jz 1,12-15; 1Cr 2,49), Maala, Noa, Hegla, Melca e Tersa, filhas de Salfaad, que reivindicam o direito das mulheres à terra como herança (Js 17,3-6; Nm 26,33; 27,1-11; 36). A luta pela terra, tanto na Bíblia como nos tempos atuais, demonstra que o protagonismo das mulheres tem sido imprescindível nas lutas pela libertação da terra das garras do latifúndio, tendo inclusive muitas delas sido martirizadas por este compromisso, como por exemplo Margarida Alves e Irmã Dorothy Stang.

Com tanto protagonismo das mulheres nas lutas libertárias, será que Josué, o sucessor de Moisés, foi de fato grande líder que coordenou todas as lutas pela terra em Canaã? É o que veremos a seguir.

11.4. Josué foi mesmo grande líder de todas as lutas pela terra em Canaã?

Josué 10 e Juízes 1,4-20 tratam da luta pela terra possivelmente na tribo de Judá. Josué 10 afirma que Josué, um líder efraimita, foi quem liderou a conquista da terra da tribo de Judá. Mas por que deveria ser o efraimita Josué, e não os próprios judaítas, os libertadores de seu território? Juízes 1,4-20, com uma visão mais realista, provavelmente tenha mais lastro histórico. A narrativa de Josué 10 atribuindo a conquista da terra a Josué, e não aos próprios judaítas, explica-se pela intenção da redação do livro de Josué que pretendia enaltecer a liderança do rei Josias, um expansionista e unificador de todos os territórios. De modo semelhante se diz em 1 Samuel 17 que teria sido o pequeno Davi a matar o gigante Golias, mas 2 Samuel 21,19 afirma que quem matou Golias não foi Davi, mas Rafa, um irmão de Davi, um de seus soldados.

Josué 12 nos mostra que a luta pela terra busca derrotar os reis das cidades opressoras, e não derrotar os povos das cidades de forma geral. Eloquente é o uso frequente das palavras. *Canaã* e *cananeus* aparecem 22 vezes; o termo *rei*, 108 vezes; seus derivados *reino*, 7 vezes, e *reinar*, 3 vezes, num total de 118 ocorrências. O termo *cidade* aparece 153 vezes. O uso desse vocabulário demonstra a ênfase que o/a autor/a do livro queria passar. A estatística do uso e da repetição de tal tipo de palavras demonstra que o grande obstáculo a ser superado, segundo o livro de Josué, não são os povos cananeus, mas os reis e as cidades-Estados. A brutal injustiça que clama para ser superada é o fato de os reis das cidades-Estados – pequenos faraós, vassalos dos faraós – controlarem o campo, submeterem os camponeses e os tributarem. Não são os povos cananeus os alvos da ira de Javé, mas os reis opressores das cidades-Estados.

Concluindo: na luta pela terra, realizada com muita fé em Deus Javé, fé em si mesmo, fé nos/as companheiros/as, Deus vai junto, é parceiro, é presença – *Shekinah* – (Js 1,5.9), luta junto, derruba os opressores (Js 6,2; 8,1; 10,8.12). Terra conquistada (Js 1-12) precisa se tornar terra partilhada (Js 13-19). Terra libertada das mãos dos reis opressores e latifundiários espoliadores, ontem e hoje. Terra para ser herança, trabalhada em usufruto e jamais comercializada. O livro de Josué cheira a terra. Terra boa, sagrada (Js 5,15; 24,26). A partilha da terra foi o fundamento para um novo sistema econômico, político e sociorreligioso, que se opunha à escravidão e opressão então dominantes, tanto no Egito dos faraós quanto em Canaã, onde a terra se concentrava nas mãos dos reis nas cidades-Estados.

O livro de Josué não legitima *guerra santa* contra os povos que se opõem ao povo que luta pela terra, mas legitima a luta justa e necessária para que a terra seja libertada das garras do latifúndio e do agronegócio e se torne território de todos e todas, onde reinem relações sociais de justiça, respeito e solidariedade. A intrepidez com que os camponeses lutam pela terra não é porque queiram a eliminação física dos latifundiários, mas é que, movidos pela fé no Deus Javé, sabem que a forma libertadora de amar os inimigos é retirar das mãos dos opressores as armas da opressão. E o latifúndio é uma arma nas mãos dos latifundiários e dos agronegociantes. Libertá-los dessa arma é sinal de amor ao próximo. Por isso, a luta pela terra visa criar as condições materiais objetivas para que de fato a terra de Deus seja terra do povo que vive a verdadeira fraternidade entre si e com a natureza. A terra é dom, mas que exige conquista.

E agora, José e Maria? Em sociedades com relações sociais escravocratas que reproduzem a latifundiarização, o partilhar e o socializar a terra é ato revolucionário e tem o aval do Deus Javé porque cria condições materiais objetivas que viabilizam respeito à dignidade humana. Atualmente as muralhas que precisam ser derrubadas não são as de Jericó, mas as muralhas que são as cercas dos latifúndios, o sistema capitalista, o agronegócio com monoculturas com uso indiscriminado de agrotóxicos, o Estado capitalista, o poder midiático, os fundamentalismos religiosos com todos seus vassalos que violentam brutal e diariamente e, pior, mesmo sendo violentadores acusam de violenta a contra-violência, a resistência popular, a fim de continuarem reproduzindo mais violência. Sim, é Natal, tempo de esperança, de divino no humano a partir dos últimos. É o que refletiremos a seguir.

12. Natal: o divino no humano a partir dos últimos

No tempo de Natal e de virada de ano precisamos perguntar: dá para celebrar o Natal de Jesus Cristo no meio da fase mais cruel do capitalismo, máquina de triturar vidas humanas e vidas de todos os seres vivos, que atualmente não apenas explora, mas superexplora a dignidade humana, a dignidade da mãe-Terra, da irmã água e de toda a biodiversidade? Sob a avalanche do antinatal do mercado idolatrado, necessário se faz resgatar o sentido bíblico do Natal de Jesus Cristo, que é inspirador e revolucionário. Faz bem entendermos a narrativa bíblica do Evangelho de Lucas (Lc 2,1-20), que versa sobre o nascimento de uma criança que se tornou Cristo. O Evangelho de Lucas não é crônica jornalística escrita sob o calor dos fatos. Escrito na década de 80 do século I da era cristã, o Evangelho de Lucas é Teologia da história a partir dos oprimidos e injustiçados e da sua fé na ressurreição de Jesus Cristo. Para o evangelista Lucas, foram os pastores – os trabalhadores mais discriminados da época – os que por primeiro reconheceram a encarnação do divino no humano.

Jesus de Nazaré nasceu em tempos de imperialismo romano, com o imperador Augusto baixando decreto para aumentar o peso da tributação nas costas do povo, além de manter a superexploração por meio de relações sociais escravocratas que aviltavam a dignidade humana de mais de 60 milhões de pessoas nas muitas colônias do Império Romano. Diz o evangelista Lucas: "Naqueles dias, o imperador Augusto publicou um decreto ordenando recenseamento em todo o império" (Lc 2,1). Como o pai de Jesus, José, era descendente de Davi e natural de Belém, ele teve que viajar da cidadezinha de Nazaré na Galileia – periferia e norte da Palestina – até Belém na Judeia, mais de 120 quilômetros, a pé ou montado em jumento com sua esposa Maria, que estava na iminência de dar à luz um menino (Lc 2,3-5). Em uma colônia dominada pelo imperialismo romano, por governadores submissos aos interesses imperiais e com a cumplicidade de um poder religioso – o Sinédrio – que usava o nome de Deus para excluir e marginalizar a maioria do povo, como trecheiro, estradeiro, irmão de rua, migrante, retirante, sem-terra, sem-teto, refugiado, indígena, quilombola, migrante e judeu da periferia, nasceu Jesus Cristo na periferia de Belém, pequena cidade do interior. Jesus não nasceu em Jerusalém nem em Roma, capital do império, nem em Brasília, nem na Avenida Paulista, nem nos Estados Unidos. Maria e José tiveram que ocupar o "estacionamento" de uma pensão da periferia de Belém porque não tinham dinheiro para pagar uma hospedaria, da mesma forma que, hoje em dia, não poderiam pagar uma maternidade particular.

Jesus nasce no meio dos pastores (Lc 2,8), os injustiçados e execrados pela classe dominante (saduceus) dos senhores de bens, que por cumplicidade reproduzem a desigualdade social. Entre todos os segmentos da classe trabalhadora e camponesa, os pastores e as pastoras eram os/as mais explorados/as, considerados/as impuros/as, principalmente porque não respeitavam as propriedades privatizadas. Para os pastores e pastoras, o território era um bem-comum, e por isso levavam os rebanhos que cuidavam para pastar em outras propriedades. Assim, eram considerados invasores de propriedades privadas. Para os pastores e as pastoras, a terra pertencia (e pertence) a Deus, e por isso era (e é) um bem-comum, não pode ser privatizada.

Diz o Evangelho de Lucas que "um anjo de Deus apareceu aos pastores" (Lc 2,9); não apareceu ao imperador, nem ao governador, nem a um sacerdote, nem a alguma pessoa considerada *pura*, integrada à sociedade dos "de bens". São esses pastores que reconhecem o nascimento do menino Deus e vêm ao encontro daquele que iria testemunhar um caminho de libertação para todos/as e tudo, a utopia "vida e liberdade para todos e tudo" (Jo 10,10).

Nos Evangelhos de Lucas e de Mateus, o nascimento de Jesus não é apresentado de forma neutra diante das contradições e desigualdades sociais. José, Maria, Jesus, os evangelistas e as primeiras comunidades cristãs (autoras dos Evangelhos) fazem opção de classe, têm lado: o lado dos oprimidos e injustiçados. A luz divina foi experimentada pelos pastores e pastoras em uma noite escura (Lc 2,8-9) como a noite que se abateu sobre o povo brasileiro com a eleição presidencial de 2018 e da maioria do Congresso Nacional do Centrão ou da direita opressora, todos vassalos de um capitalismo ultraliberal. A luz e a força divina irromperam naqueles e naquelas que eram os/as mais rejeitados/as na Palestina, colônia do Império Romano.

Nas primeiras comunidades cristãs se lia, mais ou menos na época em que nasceu Jesus Cristo, o texto do profeta Isaías que dizia: "O povo que andava nas trevas viu uma grande luz, uma luz raiou para os que habitavam uma terra sombria" (Is 9,1). A primeira mensagem do anjo aos pastores e pastoras foi: "Não tenham medo! Eis uma ótima notícia para todo o povo explorado: hoje, na cidade de Davi, nasceu para vocês um Salvador, que é o Messias, o Senhor" (Lc 2,10-11). Essa mensagem ganha eloquência se recordarmos que quando se elevava um novo imperador ou rei, arautos do império anunciavam a entronização aclamando o que estava sendo entronizado como novo salvador (*soter* em grego) e senhor (*kyrios* em grego). O povo escravizado passou a acreditar no menor: Senhor e Salvador, agora, é o menino-Deus.

As primeiras comunidades cristãs fazem uma revolução copernicana e subvertem a ideologia dominante que divinizava o poder e quem estava no poder. *Salvador* e *Senhor* não será mais o imperador e nenhum rei. *Salvador* e *Senhor* será aquela criança que nasceu no meio dos superexplorados. O anjo alerta: só quem se mistura com os periféricos e com eles convive consegue experimentar o divino se revelando no humano a partir dos porões da humanidade (Lc 2,12). Quem fica distante dos empobrecidos e empobrecidas acumula preconceitos e se desumaniza. Diz o evangelista Lucas que os anjos fazem festa ao experimentar a glória de Deus e a paz (*shalom* em hebraico) no meio do povo (Lc 2,14). A glória de Deus brilha quando o humano em todas as pessoas é respeitado e valorizado. Paz como fruto da justiça, *shalom*, acontece quando construímos relações humanas e sociais a partir da organização popular; quando, por meio dessa, conquistamos mudanças estruturais que superem a desigualdade social e assim seja promovida a justiça social com respeito à imensa diversidade cultural, aos direitos da natureza, dos animais e toda a biodiversidade existente no nosso país e no mundo.

"Os pastores da região foram a Belém às pressas participar do acontecimento" (Lc 2,15-16); não foram a Jerusalém, nem a Brasília, nem às catedrais do deus mercado, nem ao império do capital, nem ao agronegócio, nem às mineradoras. "E todos os que ouviram os pastores ficaram maravilhados" (Lc 2,18). Quem não ouve, não respeita nem participa da luta dos/as sem-terra, dos/as sem-teto, dos atingidos pelas mineradoras, dos/as migrantes, dos/as refugiados/as, dos irmãos e irmãs em situação de rua, dos/as indígenas, dos/as quilombolas, das mulheres e dos nossos irmãos e irmãs LGBTQIA+ não consegue compreender o divino se tornando humano a partir de Jesus Cristo, uma criança da periferia.

Os pastores e as pastoras reconhecem o poder popular nascido na periferia de Belém, cidade do pastor Davi que se tornou rei bom. "É de ti, Belém, a menor entre todas as cidades, que virá o Salvador" (Mq 5,1), bradava a profecia inspiradora do profeta Miqueias. Etimologicamente Belém (*Bethlehem* em hebraico) significa *Casa do Pão*. Belém é a cidade de Davi, o menor entre os irmãos, aquele que organizou os injustiçados da sociedade para lutar por um governo justo, popular e democrático. O verdadeiro rei dos judeus não é violento e sanguinário como Herodes, é um recém-nascido, nascido sem-terra e sem-casa e tendo que se exilar às pressas logo após o seu nascimento como refugiado, para não ser assassinado pelo poder repressor de plantão. Segundo o Evangelho de João, o nascido na *Casa do Pão* se tornou Pão da Vida para todos/as (Jo 6,35-59). Os pastores e as pastoras intuem com sabedoria que o poder democrático, participativo e popular vem da periferia, dos injustiçados, dos pequenos.

A encarnação de Deus no humano, em Jesus, nos faz observar atentamente seu ensinamento e sua práxis, melhor dizendo, a pedagogia emancipatória de Jesus Cristo. É o que abordaremos a seguir em treze pontos.

13. Treze características da pedagogia emancipatória de Jesus Cristo

Ao lermos atentamente os quatro evangelhos da Bíblia, prestando atenção no ensinamento e na práxis de Jesus de Nazaré, descobrimos que a pedagogia emancipatória do mestre galileu contempla treze características. São elas:

13.1. A partir da periferia

O Evangelho de Lucas interpreta a vida, ações e ensinamentos de Jesus ao longo de uma grande caminhada da Galileia até Jerusalém, ou seja, da periferia geográfica e social ao centro econômico, político, cultural e religioso da Palestina. Em Lucas, a Palavra é a palavra de um leigo, de um camponês galileu, alguém de Nazaré, pessoa simples, pequena, alguém que vem de grande tribulação. Não é palavra de sumo sacerdote, nem de alguém que frequenta os palácios por estar no poder. Enfim, a palavra de Jesus é a palavra de alguém da periferia e periferizado.

13.2. Prioriza a formação

Nessa grande viagem missionária, subida para Jerusalém, Jesus prioriza a formação dos discípulos e das discípulas. Ele percebe que não tem mais aquela adesão incondicional da primeira hora. Jesus descobriu que, para consolar os aflitos, era necessário também incomodar os acomodados e denunciar pessoas e estruturas injustas, opressoras e corruptas. Assim o homem de Nazaré começou a perder apoio popular. Era necessário caprichar na formação de um grupo menor que pudesse garantir os enfrentamentos que se avolumavam. Jesus sabia muito bem que em Jerusalém estava o centro dos poderes religioso, econômico, político e judiciário. Lá travaria o maior embate. Ao analisar a conjuntura, Jesus percebeu que era imprescindível priorizar a formação de lideranças no trabalho de base. Sem missionários/as bem formados em uma pedagogia libertadora não é possível se fazer missão libertadora.

13.3. Não foge do combate

O Evangelho de Lucas diz: Jesus, cheio do Espírito, em uma proposta periférica alternativa, vai em uma caminhada missionária de Nazaré a Jerusalém; ou seja, vai da periferia para o centro, caminhando no Espírito. Em Jerusalém acontece um confronto entre o projeto de Jesus e o projeto oficial. Este tenta matar o projeto de Jesus (e de seu movimento) condenando-o à morte na cruz. Mas o Espírito é mais forte que a morte. Jesus ressuscita. No final do Evangelho de Lucas, Jesus diz aos discípulos: "Permaneçam em Jerusalém até a vinda do Espírito Santo" (Lc 24,49). Jesus tomou as prudências necessárias para não morrer antes da hora, mas não foge do combate. É triste ver pessoas que se dizem cristãs se omitirem diante de injustiças para evitar não correr risco de serem ameaçadas de morte. Em 27 de abril de 1986, poucos dias antes de seu assassinato, no seu testamento espiritual, o padre Josimo Tavares escreveu: "Tenho que assumir. Agora estou empenhado na luta pela causa dos pobres lavradores indefesos, povo oprimido nas garras dos latifúndios. Se eu me calar, quem os defenderá? Quem lutará a seu favor?".

13.4. Sempre em movimento

Seguir Jesus exige uma dinâmica de permanente movimento. A sociedade capitalista leva-nos a buscar segurança em mercadorias, o que é uma farsa. É hora de aprendermos a seguir Jesus de forma humilde e vulnerável, porém mais autêntica e real. Isso não quer dizer distrair com costumes, tradicionalismo e obrigações que provêm do passado, mas não ajudam a construir uma sociedade justa, solidária e sustentável ecologicamente. Jesus transitava sempre da planície para a montanha e amava estar no meio do povo convivendo, ouvindo seus clamores e apontando caminhos libertadores.

13.5. Marcha na contramão

Seguir Jesus implica andar na contramão, remar contra a correnteza de tantos fundamentalismos religiosos e da idolatria do mercado e do consumismo. Exige também rebeldia, coragem, audácia diante de hábitos que se incorporam aos costumes e de modas que aniquilam o infinito potencial humano existente em nós. Somos chamados/as a ser *luz*, *sal* e *fermento*. Impossível ser *luz* sem incomodar quem gera trevas – injustiças, corrupção e violência. Impossível ser *sal* e *fermento* sem incomodar. Quem se beneficia com nossos posicionamentos: os oprimidos ou os opressores? Posturas do senso comum manipulado pela ideologia dominante sempre protegem os opressores e culpabilizam os explorados.

13.6. Sabe a hora de conviver e a hora de lutar

O Evangelho de Lucas apresenta dois envios de discípulos para a missão. No primeiro envio (Lc 10,1-11), Jesus indicou aos discípulos que fossem para o campo de missão despojados e desarmados. Assim deve ser todo início de missão: ir conhecer, conviver, estabelecer amizades, cativar, assumir a cultura do outro, tornar-se um/a irmão/ã entre os irmãos/ãs para que seja reconhecido/a como um/a dos nossos/as. No segundo envio (Lc 22,35-38), em hora de luta e combate, Jesus sugere que os discípulos devem ir preparados para a resistência. Por isso "pegar bolsa e sacola, uma espada – duas no máximo" (Lc 22,36-38). Durante a evolução da missão, chega a hora em que não basta esbanjar ternura, graciosidade e solidariedade no varejo e nas relações interpessoais. É preciso partir para a luta coletiva por direitos, pois as injustiças precisam ser denunciadas. Ao tomar partido e *dar nomes aos bois*, irrompem-se as divisões e desigualdades existentes na realidade. Os incomodados tendem naturalmente a querer calar quem os está incomodando. É a hora das perseguições que exigem resistência. Confira a trajetória de vida dos/as mártires da caminhada: padre Josimo, padre Ezequiel Ramin, Chico Mendes, Margarida Alves, sem-terras de Eldorado dos Carajás, irmã Dorothy, Santo Dias, Chicão Xucuru, padre Gabriel, entre outros.

13.7. Resistir

Resistir não é violência, mas legítima defesa. Em diversas passagens dos quatro evangelhos encontramos Jesus resistindo diante de injustiças e para isso, muitas vezes, desrespeitando leis e normas que justificavam injustiças e discriminações. Por exemplo, em Lucas 22,35-38, sugere desobediência civil – econômica, política e religiosa. Em uma sociedade desigual, esse é *outro caminho* a ser seguido (Mt 2,12) por nós, discípulos e discípulas de

Jesus, o rebelde de Nazaré. Diante de qualquer tirania e de um Estado violentador, vassalo do sistema capitalista que sempre tritura vidas e pratica injustiças, é dever das pessoas cristãs resistirem contra as opressões perpetradas contra os empobrecidos, os preferidos de Jesus.

13.8. Não trai sua origem

Jesus, o galileu de Nazaré, se tornou Cristo, filho de Deus. Como camponês, deve ter feito muitos calos nas mãos, na enxada e na carpintaria ao lado de seu pai José. Os evangelhos fazem questão de dizer que Jesus nasceu em Belém (em hebraico, *casa do pão* para todos/as), cidade pequena do interior. "És tu, Belém, a menor entre todas as cidades, mas é de ti que virá o salvador", diz o evangelho de Mateus (Mt 2,6), resgatando a profecia de Miquéias (Mq 5,1). Segundo Lucas, Jesus inicia sua missão pública em Nazaré, sua terra de origem, em uma sinagoga onde aprendeu muita coisa libertadora. "No ventre de Maria, Deus se fez homem. Na carpintaria de José, se fez classe", disse inúmeras vezes dom Pedro Casaldáliga.

13.9. Pedagogia da partilha de pães que liberta e emancipa

A fome era um problema tão sério na vida das primeiras comunidades cristãs que os quatro evangelhos da Bíblia relatam Jesus partilhando pães e saciando a fome do povo[11]. É óbvio que não devemos historicizar os relatos

---

11. Ver Mateus 14,13-21; Marcos 6,32-44; Lucas 9,10-17 e João 6,1-13.

de partilha de pães como se tivessem acontecido tal como descrito. Os evangelhos foram escritos de quarenta a setenta anos depois. Logo, são interpretações teológicas que querem ajudar as primeiras comunidades a resgatar o ensinamento e a práxis original de Jesus. Não podemos também restringir o sentido espiritual da partilha dos pães a uma interpretação eucarística, como se a fome de pão se saciasse pelo pão partilhado na eucaristia. Isso seria espiritualização do texto. Se celebrada em profunda sintonia com as agruras da vida, a Eucaristia é uma das fontes que sacia a fome de Deus, mas as narrativas das partilhas de pães têm como finalidade inspirar solução radical para um problema real e concreto: a fome de pão.

A beleza espiritual das narrativas de partilha de pães está no processo seguido: uma série de passos articulados e entrelaçados que constituem um processo libertador e emancipador. O milagre não está aqui ou ali, mas no processo todo. Ei-lo:

Cidade, lugar de violência? O evangelista Mateus mostra que o povo faminto "vem das cidades" (Mt 14,13), ou seja, as cidades, ao invés de serem locais de exercício da cidadania, se tornaram espaços de exclusão e de violência sobre os corpos humanos. Faz bem recordar que Deus criou – e continua criando –, nas ondas da evolução, tudo "em seis dias e no sétimo dia descansou" (Gn 2,2). Conta-se que alguém teria perguntado a Deus porque ele resolveu descansar após o sexto dia. Deus teria dito que já tinha criado tudo com muito amor e para o bem da humanidade e de toda a biodiversidade. Quando viu que faltava criar a cidade, o Deus criador concluiu que era melhor descansar.

Ir para o meio dos injustiçados e excluídos. "Jesus atravessa para a outra margem do mar da Galileia" (Jo 6,1), entra no mundo dos gentios, dos pagãos, dos impuros, enfim, dos injustiçados e excluídos. Jesus não fica no mundo dos incluídos, mas estabelece comunicação efetiva e afetiva entre os dois mundos, o dos incluídos e o dos excluídos. Assim, tabus e preconceitos desmoronam-se. Conviver no meio dos empobrecidos é necessário para ver, sentir, pensar e agir como Jesus via, sentia, pensava e agia.

Nunca perder a capacidade de se comover e de se indignar. Profundamente comovido porque "os pobres estão como ovelhas sem pastor" (Mc 6,34), Jesus percebe que os governantes e líderes da sociedade não estavam sendo libertadores, mas colocavam grandes fardos pesados nas costas do povo. Com olhar altivo e penetrante, Jesus vê uma grande multidão de famintos que vêm ao seu encontro. Só no Brasil são atualmente mais de 33 milhões de pessoas que têm os corpos implodidos pela bomba silenciosa da fome ou da má alimentação. Nunca podemos perder a capacidade de nos comover com a dor do povo que sofre e, por isso, nos fazer solidários; e nunca podemos perder a indignação diante das causas e estruturas que causam as injustiças e os sofrimentos, o que nos leva ao compromisso com a luta por justiça ao lado dos injustiçados/as.

Postura crítica. Jesus não sentiu medo dos pobres, encarou-os e procurou superar a fome que os golpeava e humilhava. Apareceram dois projetos para resgatar a cidadania do povo faminto. O primeiro foi apresentado por Filipe: "Onde vamos comprar pão para alimentar tanta gente?" (Jo 6,5). No mesmo tom, outros discípulos tentavam dar uma de Pilatos e lavar as mãos: "Despede as multidões para que possam ir aos povoados comprar alimento" (Mt 14,15). Filipe está dentro do mercado e pensa a partir do mercado. Está pensando que o mercado é um deus capaz de salvar as pessoas. Cheio de boas intenções, Filipe não percebe que está enjaulado na idolatria do mercado. Mas não podemos ser ingênuos ao lidar com as injustiças sociais. Temos que desenvolver consciência crítica, o que exige buscar conhecimento e aprender com quem está compromissado com as lutas por direitos. Problema social não se resolve com atitudes assistencialistas.

Postura criativa. Na busca de superação da fome do povo, o segundo projeto foi posto à baila por André, outro discípulo de Jesus, que, mesmo se sentindo fraco, acaba revelando: "Eis um menino com cinco pães e dois peixes" (Jo 6,9). Jesus acorda nos discípulos e discípulas a responsabilidade social ao dizer: "Vocês mesmos devem alimentar os famintos" (Mt 14,16). Jesus quer mãos à obra. Nada de desculpas esfarrapadas e racionalizações que tranquilizam consciências. Jesus pulou de alegria e, abraçando o projeto que vem de André (em grego, *andros* = humano), anima o povo a "sentar na grama" (Jo 6,10). Aqui aparecem duas características fundamentais do processo protagonizado por Jesus para levar o povo da exclusão à cidadania, da injustiça à justiça social. Jesus convida o povo a se sentar. Por quê? Na sociedade escravocrata do Império Romano somente as pessoas livres, cidadãs, podiam comer sentadas. Os escravos deviam comer de pé, pois não podiam perder tempo de trabalho.

Era só engolir e retomar o serviço árduo. Um terço da população era escrava e outro terço, semiescrava. Logo, quando Jesus sugere ao povo para sentar-se, ele está, em outros termos, defendendo que os escravos têm direitos e devem ser tratados como cidadãos.

Organização é o segredo da pedagogia de Jesus. Jesus estimula a organização dos famintos. "Sentem-se em grupos de cem, de cinquenta" (Mc 6,40). Assim, Jesus e os primeiros cristãos e cristãs nos inspiram que a injustiça social que causa a fome só será resolvida de forma justa quando o povo marginalizado e injustiçado se organizar e partir para lutas coletivas por direitos. Enquanto cada um estiver lutando só, individualmente, a lógica e a estrutura que produz a pobreza continuará se reproduzindo.

Gratidão: "Jesus agradeceu a Deus". A dimensão da mística foi valorizada. A luz e a força divinas permeiam e perpassam os processos de luta. Faz bem reconhecer isso. Vamos continuar cantando com Manoelão cantos revolucionários, tais como:

> É madrugada, levanta povo! / A luz do dia vai nascer de novo! / Rompe as cadeias, abre o coração, / Vamos dar as mãos, já é o reino do povo! / O povo agora é senhor da história, / Somos rebentos desta nova era. / A liberdade, a fraternidade / São as bandeiras desta nova terra!

Não ser paternalista. Quem reparte o pão não é Jesus, mas os discípulos. Jesus provoca a solidariedade conclamando à organização dos marginalizados como meio para que todos cheguem à cidadania. Dar pão a quem tem fome sem se perguntar por que tantos passam fome é ser cúmplice do capital que rouba o pão da boca da maioria. Dom Hélder gostava de dizer: "Quando dou pão aos pobres me chamam de santo, mas quando pergunto: por que tem tanta gente com fome? Me chamam de comunista".

Reaproveitar. "Recolham os pedaços que sobraram, para não se desperdiçar nada" (Jo 6,12). Economia que evita o desperdício. Quase 1/3 da alimentação produzida é jogada no lixo, enquanto tantos passam fome. É hora de reduzir o consumo. Reaproveitar, reciclar. Nada deve se perder, mas ser tudo transformado. Em uma casa ecológica tudo é reaproveitado, inclusive as fezes são consideradas recursos, pois viram adubo fértil e orgânico.

13.10. Participar da vida pública transformando a sociedade (Lc 10,38-42)

Seguindo para Jerusalém, Jesus entra na casa de duas mulheres, Marta e Maria. Tradicionalmente a narrativa de Lucas 10,38-42 tem sido interpretada como uma oposição entre vida ativa e vida contemplativa. Ao longo dos séculos e ainda hoje, muitos usam e abusam de Lucas 10,38-42 para justificar a vida contemplativa, mas essa interpretação não tem consistência exegética. Não há nenhuma referência no texto que diga que Jesus estivesse rezando ou orando com Maria. Para entender bem Lucas 10,38-42 é preciso considerar algumas coisas.

Primeiro, nas duas perícopes anteriores, Lucas revelou uma oposição, um contraste: humildes × entendidos (Lc 10,21-24) e samaritano × sacerdote e levita (Lc 10,29-37). Em Lucas 10,38-42 também há uma oposição, um contraste: Maria × Marta. A postura de Maria é elogiada por Jesus e a postura de Marta é censurada: "Marta, Marta! Uma só coisa é necessária" (Lc 10,41-42).

Segundo, precisamos considerar a situação das mulheres na época de Jesus e de Lucas. As mulheres eram consideradas – não todas, é óbvio – propriedades do pai e, depois de casadas, dos maridos; não participavam da vida pública, deviam ficar restritas ao lar; não aprendiam a ler e a escrever; não recebiam os ensinamentos da Torá. Encontra-se escrito no Talmud dos judeus (Escritura não sagrada): "Que as palavras da Torá sejam queimadas, mas não transmitidas às mulheres". A oração que muitos judeus piedosos rezavam dizia: "Louvado sejas Deus por não ter-me feito mulher!"

Ao sentar-se aos pés de Jesus para ouvir-lhe os ensinamentos, Maria reivindica para si o direito de ser discípula. Ela reclama para si o direito de ser cidadã no sentido pleno. "Sentar-se aos pés" era a atitude dos discípulos dos rabis.

Em Lucas 10,38-42, Maria faz desobediência civil e religiosa, pois fica aos pés de Jesus ouvindo-o. Só os homens judeus podiam ficar aos pés de um mestre e se tornarem discípulos. Ouve Jesus e provavelmente dialoga com Jesus, o interroga e se torna discípula.

Um judeu entrar em uma casa onde só havia mulheres também era algo censurável pela sociedade. Jesus desobedece a essa regra moral e entra na casa de duas mulheres. Assim Jesus vai formando seus discípulos e discípulas enquanto caminha para Jerusalém.

13.11. Ser simples como as pombas e esperto como as serpentes

Após uma longa marcha da Galileia a Jerusalém, da periferia à capital (Lc 9,51-19,27), Jesus e seu movimento estão às portas de Jerusalém. De forma clandestina, não confessando os verdadeiros motivos, Jesus e o seu grupo entram em Jerusalém, narra o Evangelho de Lucas (Lc 19,29-40). De alguma forma deve ter acontecido essa entrada de Jesus em Jerusalém, provavelmente não tal como narrado pelo evangelho, que tem também um tom midráxico, ou seja, quer tornar presente e viva uma profecia do passado.

Dois discípulos recebem a tarefa de viabilizar a entrada na capital de forma humilde, mas firme e corajosa. Deviam arrumar um jumentinho – meio de transporte dos pobres –, mas deviam fazer isso disfarçadamente, de forma *clandestina*. O texto repete o seguinte: "Se alguém lhes perguntar: por que vocês estão desamarrando o jumentinho?, digam somente: porque o Senhor precisa dele". A repetição indica a necessidade de se fazer a preparação da entrada na capital de forma clandestina, sutil, sem alarde. Se dissessem toda a estratégia, a entrada em Jerusalém seria proibida pelas forças de repressão.

Com os "próprios mantos" prepararam o jumentinho para Jesus montar. Foi com o pouco de cada um/a que a entrada em Jerusalém foi realizada. A alegria era grande no coração dos discípulos e discípulas. "Bendito o que vem como rei". Viam em Jesus outro modelo de exercer o poder, não mais como dominação, mas como gerenciamento do bem comum.

Ao ouvir o anúncio dos discípulos – um novo jeito de exercício do poder – certo tipo de fariseu se incomoda e tenta sufocar aquele evangelho. Hipocritamente chamam Jesus de mestre, mas querem domesticá-lo, domá-lo. "Manda que teus discípulos se calem", impunham os que se julgavam salvos e os mais religiosos. "Manda!": dentro do paradigma *mandar-obedecer*, eles são os que mandam. Não sabem dialogar, mas só impor. "Que se calem!", gritam. Quem anuncia a paz como fruto da justiça testemunha fraternidade e luta por justiça, o que incomoda o *status quo* opressor. Mas Jesus, em alto e bom som, com a autoridade de quem vive o que ensina, profetiza: "Se meus discípulos [profetas] se calarem, as pedras gritarão" (Lc 19,40). Esse alerta do galileu virou refrão de música das Comunidades Eclesiais de Base: "Se calarem a voz dos profetas, as pedras falarão. Se fecharem uns poucos caminhos, mil trilhas nascerão. O poder tem raízes na areia, o tempo faz cair. União é a rocha que o povo usou para construir!"

13.12. Intransigência diante da opressão econômica e política

Os quatro evangelhos da Bíblia[12] relatam que Jesus, próximo à maior festa judaico-cristã, a Páscoa, impulsionado por uma ira santa, invadiu o templo de Jerusalém, lugar mais sagrado do que os templos da idolatria do capital que muitas vezes têm a cruz de Cristo pendurada em um ponto de destaque. Furioso como todo profeta, ao descobrir que a instituição tinha transformado o templo em uma espécie de Banco Central, sistema bancário ou bolsa de valores, Jesus

> fez um chicote de cordas e expulsou todos do templo, bem como as ovelhas e bois, destinados aos sacrifícios. Der-

---

12. Cf. Mateus 21,12-13; Marcos 11,15-19; Lucas 19,45-46 e João 2,13-17.

ramou pelo chão as moedas dos cambistas e virou suas mesas. Aos que vendiam pombas [eram os que diretamente negociavam com os mais pobres porque os pobres só conseguiam comprar pombos e não bois], Jesus ordenou: Tirem estas coisas daqui e não façam da casa do meu Pai uma casa de negócio (Jo 2,15-16).

Essa ação de Jesus foi o estopim para sua condenação à pena de morte, mas Jesus ressuscitou e vive também em milhões de pessoas que não aceitam nenhuma opressão.

No percurso deste texto buscamos evidenciar inspirações bíblicas que fomentam lutas libertárias por direitos humanos fundamentais. Passeamos também por reflexões oriundas da Filosofia crítica, da Teologia e da Sociologia da religião, entre outros saberes que se complementam na busca de inspirações que nos guiem e motivem nas lutas por tudo o que é justo e necessário.

Referências

CAMPOS, L. S. *Teatro, templo e mercado: organização e marketing de um empreendimento neopentecostal*. Petrópolis: Vozes; São Paulo: Simpósio; São Bernardo do Campo: UMESP, 1997.

LÖWY, M. Marxismo e religião: ópio do povo? In: BORON, A. et al. *A teoria marxista hoje: problemas e perspectivas*. Buenos Aires: CLACSO, p. 298-315, 2007 (Coleção Clacson Virtual). Disponível em: <https://biblioteca.clacso.edu.ar/clacso/formacion-virtual/20100715073000/boron.pdf>. Acesso em: 31 out. 2023.

Sobre os autores

Carlos Mesters

Frei Carlos Mesters nasceu na Holanda em 1931 e veio para o Brasil em 1949. É frade Carmelita e sacerdote, estudou Filosofia em São Paulo e formou-se em Teologia em Roma, na Faculdade S. Tomás de Aquino. Fez estudos bíblicos em Jerusalém na Escola Bíblica dos frades Dominicanos e é doutor em Teologia Bíblica, com tese sobre o Apocalipse de São João. Ajudou na criação do CEBI, Centro Ecumênico de Estudos Bíblicos. Tem vários livros publicados sobre assuntos da Bíblia e sobre a leitura popular da Bíblia.

Gilvander Luís Moreira

Gilvander Luís Moreira é frei e padre da Ordem dos Carmelitas, doutor em Educação pela FAE/UFMG, licenciado e bacharel em Filosofia pela UFPR, bacharel em Teologia pelo ITESP/SP e mestre em Exegese Bíblica pelo Pontifício Istituto Biblico (PIB) de Roma. É agente e assessor da CPT/MG, assessor do CEBI e Ocupações Urbanas, professor de Teologia Bíblica no SAB (Serviço de Animação Bíblica) em Belo Horizonte e colunista de vários sites.

Rivaldave Paz Torquato

Rivaldave Paz Torquato é frade Carmelita, mestre em Ciências Bíblicas pelo Pontifício Istituto Biblico (PIB) de Roma e doutor em Sagrada Escritura pela Westfälische Wilhelms-Universität (WWU) de Münster, Alemanha. Fez pós-doutorado na Faculdade Jesuíta de Filosofia e Teologia (FAJE) de Belo Horizonte, na qual é professor.

Edições Loyola

editoração impressão acabamento

Rua 1822 nº 341 – Ipiranga
04216-000 São Paulo, SP
T 55 11 3385 8500/8501, 2063 4275
www.loyola.com.br